万博入門

新世代万博への道

INTRODUCTION TO UNIVERSAL EXPOSITION

ROAD TO THE NEW GENERATION EXPO

WRITTEN BY
AKIOMI HIRANO

平野暁臣

CONTENTS

はじめに

・大阪でまた万博が開かれるらしいけど、最近の万博ってどうなの？
・もしかして70年万博のときみたいにすごいことになるの？
・展示会の豪華版みたいなものなんでしょ？　合ってる？
・ネット社会なのに、そんなモノでほんとに何千万人も集まるの？
・いまどき万博？　とっくにオワコンだろ？
・万博って、なに？　ぜんぜん知らないんだけど…。

２０２５年の〝大阪万博〟開催が決まってから、いろいろな質問を受けるようになりました。誘致運動が本格化した2年半ほど前からたびたび新聞取材は受けていたのですが、一般の方から万博について訊かれることなどここしばらくなかったので、関心が少しずつ高まっていることを実感しています。

じっさいネット上にさまざまなコメントが寄せられています。「万博で新たな時代をつくろう！」と説く人、「万博なんてたんなる老人のノスタルジー」と切り捨てる人、「別にオレ、関係ないし」とシラけている人…。意見は多種多様で、専門家から市民にいたるまで、賛否は大きく割れています。

健全な反応であり、それ自体はたいへん結構なのですが、ひとつだけ気がかりがあります。それは、賛成派、反対派を問わず、万博に関する情報が足りていないこと。文化人、市民ともに、実像をほとんどイメージできていない状態で発言しているのではないか、と思われるケースがじつに多いのです。

じっさいに万博を見た経験がほとんどないまま想像だけで語っている。議論に必要な最低限の知識さえ共有されていない。こんな状態では、議論が噛み合わないどころか、議論にすらなりません。

世代による万博体験の格差も影響しています。１９７０年の大阪万博を見ているぼくから上の世代は、「バンパク」という言葉に強い郷愁を感じます。国民が一体となって熱狂した〝夢の宴〟の興奮と感動が忘れられないからで、楽しかった高度成長の思い出ともあいまって、万博は「良きもの」と刷り込まれています。

いっぽう10代、20代の若者たちに万博への思い入れはありません。それどころか、過半の若者は万博を知らないでしょう。じっさいに万博を見た経験がないだけでなく、万博に関する情報に触れる機会がほとんどなかったためです。これでは興味のもちようがありません。

半世紀前の成功体験から万博を〝魔法のイベント〟と信じて疑わない世代と、「それ、なんのこと？」と無関心な世代。一見すると正反対ですが、「評価に資するフェアな情報をもちあわせていない」という点においては変わりありません。

先の質問は、つまるところ、いずれも「これからの万博ってどうなるの？」と訊いています。答えを見つけるためには、まずはこれまでの歩みを紐解くことからはじめなければなりません。未来を考える手がかりは、歴史のなかにしかないからです。

19世紀半ばに生まれた万博は、およそ170年のあいだにさまざまな事態に遭遇してきました。右肩上がりで発展した時期もあれば、低迷した時期もあります。大衆が熱狂的に支持したこともあったし、厳しい眼差しを向けたこともありました。栄枯盛衰も修羅場も経験しています。

そしていま万博が置かれているのは、残念ながら、かつてない厳しい状況です。大衆が世界を自由に行き来し、モノや情報があふれる時代になって、万博の意義が疑問視されるようになったからです。

とりわけ20世紀末からは、もはや隠しようがないほどに、エネルギーの減衰がはっきりと眼に見えるようになりました。万博界の重鎮が「万博はいま死の床にある」と警鐘を鳴らしたのが２００１年。すでに20年近く前のことです。

その後本格化したインターネットによる「情報革命」は、情報流通のみならず社会システムやライフスタイルを大きく変えつつあり、万博を取り巻く環境は以前にも増して厳しくなっています。

しかし希望がないわけではありません。かつて社会状況が変わって存在意義を問われたとき、万博は自ら体質改善に取り組んでサバイバルした経験をもっているからです。

１００年前にもおなじように社会とズレはじめたことがありました。いままでとおなじやり方をつづけていてはやがて必要とされなくなる。そんな危機感が関係者を駆り立てたのでしょう。万博はみごとに構造レベルのイノベーションを成し遂げ、ふたたび成長軌道に乗ることに成功したのです。

もちろん１００年前と現在では状況も課題もちがいます。あのときできたから今回もできるとは限らない。しかし冷静な状況認識のもとに情熱と愛情をもって取り組めば、万博の未来をひらくのは不可能ではないし、万博にはそれだけの価値があるとぼくは信じます。

30年以上にわたって、ぼくは万博と並走してきました。この間に開催されたすべての万博をこの眼で観ていますし、うち5回は日本館のつくり手として制作現場を経験しています。学者ではないのでアカデミックな話はできないけれど、現場体験にもとづく実感はだれよりも豊富にもっています。それをよすがに「これからの万博」について考えてみたいと思います。

人々はなぜ万博に熱狂したのか？　その後なぜ熱量が低下していったのか？　万博

の遺伝子にはなにが書き込まれているのか？　ＧＡＦＡはなぜ万博に見向きもしないのか？　いま万博を考えるときに必要なことはなにか？……。

これらの問いをとおして、21世紀世界に適応する万博とはいかなるものかを探っていくことにしましょう。

平野暁臣

L'EXPOSITION DE PARIS
DE 1889

Prix du numéro : 50 centimes
ABONNEMENTS. — PARIS ET DÉPARTEMENTS : 20 FR.
Adresser les mandats à l'ordre de l'Administrateur.

Journal hebdomadaire. — 15 novembre 1888.
N° 2
BUREAUX : 9, RUE SAINT-JOSEPH. — PARIS

Prix du numéro : 50 centimes
LA PUBLICATION SERA COMPLÈTE EN 40 NUMÉROS.
Adresser les mandats à l'ordre de l'Administrateur.

LES TRAVAUX DE LA TOUR EIFFEL. — À 180 MÈTRES EN L'AIR. — BOULONNAGE DU JOINT DES DEUX ARBALÉTRIERS

1889年パリ万博の広報紙。建設途上のエッフェル塔を紹介（1888年11月15日発行）。

第1章

人々はなぜ万博に熱狂したのか?

まもなくやってくる輝かしい未来。
はじめて眼にするエキゾティックな辺境。
「未来」と「異国」を疑似体験させてくれる万博は
史上最強のエンターテインメントだった。
ポスト産業革命時代に生まれた〝新たな市〟は
大衆に「進歩」と「世界」を打ち込んだ。

第1節　大阪万博という「事件」

Q━「お菓子博」「ラーメンEXPO」など、博覧会やEXPOの名がついたイベントはときどき眼にするけれど、「万博」にはまったくイメージが湧きません。万博ってどんなイベントなんですか？

万博は「万国博覧会」の略で、文字どおり万国＝世界が参加し、国際社会が共同運営している博覧会です。19世紀半ばにロンドンで生まれ、以来、現在に至るまで170年にわたってつづいてきました。世界最古の国際イベントにして、世界最大の集人メディア。それが万国博覧会です。

国際イベントと聞いてみなさんが真っ先に思い浮かべるのは、おそらくオリンピックとFIFAワールドカップではないかと思いますが、創設当初のオリンピックは万博の併催アトラクションに過ぎなかったし、ワールドカップがはじまったのは万博誕生から80年も後のこと。両者がまだゆりかごにあるときから、万博はイベントの王者でした。

なんといっても規模がケタはずれです。会期がわずか半年であるにもかかわらず、動員数は1千万人単位で、ときに数千万人におよびます。こんなイベントは、人類史上、後にも先にも万博しかありません。

じっさいオリンピックの観覧者数は全競技でも1000万人程度ですし、300億人がテレビ観戦するといわれるワールドカップでさえ、観覧者数は予選と決勝をあわせても300万人台。万博の動員数はぶっちぎりで、文字どおり世界最大のイベントなのです。

いっぽう「世界最古の」と言ったのは、万博の登場以前は、国と国が海を越えて行うイベントは戦争しかなかったから。「国際イベント」という新しい概念を生み出したのも万博です。規模の点でも意義の面でもいまだに万博にとって代わるイベントはなく、人類史に残る偉大な発明のひとつであると言っていいでしょう。

万博が生まれた19世紀、欧米列強は近代的な工業国家への飛躍をめざしてしのぎを削っていました。帆船時代に1ヶ月以上かかっていたリバプール～ニューヨーク間がわずか10日余りになるなど、産業革命の成果が社会を革命的に変えつつあった時代です。

自国の技術を他国に売り込みたい。他国の技術を自国に導入したい。世界の先進技術を一堂に集めて一望したい。国境を跨《また》いで技術情報が行き交う〝市〟が欲しい…。

1970年大阪万博全景。中央を貫く軸線がシンボルゾーン。中心に大屋根と太陽の塔。

工業化レースを競う為政者たちはそう考えました。しごく真っ当で合理的な願いです。この願望を形にしたものが国際的な「産業技術の見本市」であり、それを万国博覧会という概念で制度化したわけです。

１８５１年の第1回ロンドン万博が成功すると、列強諸国が競って万博を主催し、雨後の筍のような状況になりました。規模・内容ともにどんどん壮大華麗になり、ロンドンから半世紀のあいだに入場者数は５０００万人に激増。万博は右肩上がりの急成長を遂げます。

しかし、おなじ年に世界10ヶ国で開催されるような状況がつづくと、さすがに「このままじゃつきあいきれない」という気分になります。やがて「国際社会が団結して万博の開催頻度を管理すべきだ」という意識が芽生え、万博のルールを定めた国家間条約が誕生しました。

それが1928年に締結された「国際博覧会に関するパリ条約」です。このなかで定義と理念、開催方法と開催頻度、主催国と参加国の権利義務などが規定され、あわせて実務を担う政府間機関「BIE：博覧会国際事務局（The Bureau International des Expositions）」の創設が決まります。

こうして万博は名実ともに国際社会が共同運営するイベントになりました。BIEの承認がなければ開催できないし、BIEに開催申請できるのも、他国に参加招請できるのも「国家」のみ。出展勧奨は外交ルートで行われ、すべては各国が派遣する「政府代表」の合議で決まります。

ここがオリンピックとちがうところです。IOC（国際オリンピック委員会）は政府間機関ではないし、IOC委員が国家を代表しているわけでもありません。オリンピックは「都市のイベント」だが万博は「国家のイベント」だ、とよく言われますが、まったくそのとおりなのです。

Q

日本初の万博って、1970年の大阪万博ですよね？　万博といえばいまでもかならず大阪万博の話になるのはなぜなんですか？　ほかにも万博はあったでしょう？

理由はいたってシンプルです。大阪万博が、戦後日本の〝事件〟と言えるほどのインパクトを日本社会にもたらしたからであり、それほどまでに大きな熱狂が日本を覆ったから。とりわけ当時を知る世代にとっては、「東洋の奇跡」と呼ばれた高度成長の記憶とも相まって、いまも忘れることのできない思い出なのです。

大阪万博は、敗戦の屈辱から立ち上がった日本が、一等国として国際社会に復帰するための〝通過儀礼〟のようなものでした。万博の主催経験が一度もない日本は、この一世一代の国家プロジェクトに国を挙げて取り組みます。

若く才能のあるクリエイターを総動員してつくりあげたコンテンツは世界最高水準に達し、諸外国も「月の石」やロケットなど貴重な展示資源を惜しみなく投入。来場者数は万博記録を塗り替える6421万人で、はじめて5000万人を超えた1900年パリ万博以来の2度目の頂点を極めたのです。

じっさいモンスターイベントでした。330ヘクタールの会場に1日平均35万人を集め、ピークの日には県民人口に匹敵する83万5000人を集客。東海道新幹線の乗客数＝対前年比34％増、近畿地区のホテル客室数＝対前半年比58％増という信じられない状況を生み出し、「民族大移動」

人の波が会場を埋めつくす。ピークの日には83万人が押し寄せた。

と形容される事態を引き起こします。

会場にはＳＦアニメから抜け出たような未来的なフォルムのパビリオンが立ち並び、テレビでしか見たことのない〝動く外国人〟がウヨウヨ歩いていました。ぼくがこの異空間に遭遇したのは小学校6年のときです。

パビリオンに入ると、宇宙船やロボットのような「驚くべきモノ」や、飛行操縦やドーム映像などの「驚くべき体験」が待っていました。日々の暮らしで接することなどあり得ないＳＦ世界が、いきなり現実世界に舞い降りたようなものです。

「驚くべきモノ」や「驚くべき体験」との突然の出会いは衝撃でした。60年を生きてきて、あのときを超える感動はいまだ経験がない。

そう言い切れるほどの、まさに人生最大の事件。それがぼくにとっての大阪万博です。同世代の多くがおなじ感覚を共有しているはずです。

あれから50年。その後も日本は4回の万博を主催しましたが、歴史的な意義においても現象面でのインパクトにおいても大阪万博とは比べものにならず、話題にのぼることはまずありません。逆に、半世紀前のイベントであるにもかかわらず、大阪万博だけがいまもことあるごとに言及され、参照されているのは存在感と影響力がケタちがいだから。

2018年には、この万博のほとんど唯一の生き証人である太陽の塔の内部空間が復元され、恒久展示施設として一般公開されたことをご存知の方も多いでしょう。観覧申し込みが殺到し、なかなか予約が取れない状況がつづいていることもご存知かもしれません。すべてにおいて大阪万博は別格なのです。

Q― 当時の日本人はなぜそれほどまでに大阪万博に熱狂したんでしょう？　大阪万博にはなにがあったんですか？

一番人気のアメリカ館。「宇宙」は庶民の夢を掻き立てる最強のコンテンツだった。

一言でいえば「半歩先の未来」です。

テレビ電話、コンピューター、ロボット、超音速旅客機、動く歩道、レーザー光線、電子音楽…、はてはスタートレックのキャプテンシートのような「万能テレビ」や「人間洗濯機」なるものまで、未来をひらく可能性を秘めた新技術が所狭しとならんでいました。「まもなく実用化され、暮らしを変える先進技術」であり、それはそのまま「半歩先の未来」をプレゼンテーションするものでした。

いっぽう前年夏に人類をはじめて月に送ったアメリカは、アポロ司令船や月着陸船の実物、さらには門外不出の「月の石」をもち込んで一番人気となり、対するソ連もソユーズやボストークなどの宇宙船を大空間に吊って宇宙の覇者であることをアピール。ともに宇宙という人類共通のフロンティアへの開発意欲と技術基盤を誇示することで、「半歩先の未来」を展望しました。

ぼくがいちばん感激したのは、最先端のフライトシミュレーターを観客に体験させる『日立グループ館』です。運よく操縦席に坐ることができたぼくは、たった30秒間の操縦体験にかつてない興奮と感動を味わいました。

当時のシミュレーターはコンピューターがつくるバーチャル映像ではなく、巨大な空港模型の上を縦横にカメラが動くというメカニカルな大型システムで、装置そのものもまた心を躍らせる大掛かりな展示物です。本格的なシミュレーターの臨場感は日常生活とは無縁。飛行機の操縦という非日常体験には大きなインパクトがありました。

宇宙船にしろフライトシミュレーターにしろ、大衆の日常とは接点のない別世界の出来事であり、万博という特殊な〝市〟が立たなければ、けっして接することができないもの。「はじめての体験」は人を惹きつけます。

会場には「半歩先の未来」を象徴するアイコンが用意されていました。それがシンボルゾーンを覆う「大屋根」です。基幹施設プロデューサーとして大阪万博の会場計画を統括する建築界のスーパースター・丹下健三が、大阪万博の先見性をシンボライズするために考案したもので、幅

１０８ｍ×長さ約３００ｍ、面積３ヘクタールというケタ外れの架構物がわずか６本の足で宙に浮いています。

たんなる雨露をしのぐ屋根ではありません。内部に居住空間をもつ巨大な建築物であり、丹下が提案したのはズバリ「空中都市」。この新技術を使えば、建築は空中をどこまでも延びていける。技術が進めば人はやがて空中に都市を築くことができる。丹下は「空中に人が暮らす」という未来のヴィジョンを形にしてみせたのです。

テレビ電話、動く歩道、大屋根、人間洗濯機…。いずれもリアリティのない夢物語ではないし、あたりまえの日常でもありません。こうした「半歩先の技術」をとおして万博が見せたのは「すぐそこにある未来」でした。

絵に描いた餅でも日用品でもない「リアルな近未来」が、手を伸ばせば届くところにならんでいる。空間体験をとおして身体感覚で半歩先の未来が実感できる。

すなわち「近未来の疑似体験」。

これが万博の根幹を支えるキーコンセプトであり、魅力の源泉です。この原理は21世紀になったいまもまったく変わっていません。

Q
先ほど「未来的なフォルムのパビリオン」に並び立つものとして「動く外国人」の話がありましたが、これってどういう意味なんですか？

若い人には共感してもらえないでしょうが、当時の庶民にとって、外国はある種バーチャルな存在でした。

じっさいぼくの周囲に渡航経験のある者などいなかったし、生活圏内で外国人を見かけることもありませんでした。ぼく自身、「死ぬまでに一度でいいから外国を見てみたい。でもきっと無理だろう」と考えていたし、大阪万博への往復で生まれてはじめて飛行機に乗せてもらったときには、「飛行機に乗れるなんて、これが生涯最後にちがいない」と思いました。それくらい外国は遠かったのです。

そんな時代でしたから、世界各国のパビリオンが立ち並び、あらゆる民族の人々が歩きまわる万博は、それ自体が前代未聞の出来事だったわけです。当時、会場をもち歩いていた「公式ガイド」をいまも大切にもっていますが、そこにはたくさんのサインが残っています。訪れたパビリオンでスタンプとともにもらったもので、いま思えば、アテンダントはもとより警備や事務のスタッフにまでねだっていました。

あのころは外国人というだけで映画スターとおなじに見えたのです。ぼくはやらなかったけれど、なかには金髪の女性スタッフに背後から忍び寄り、髪の毛を引き抜いてお土産にもち帰る子もいたらしい。

「リアルな外国人」に眼を奪われたのはこどもだけではありません。いい歳をした大人までが場内を歩く外国人にサインをねだり、握手を求めました。「外国人をはじめて間近に見たのはあの万博だった」という日本人は膨大な数にのぼるはずです。もちろんぼく自身もそうでした。青い眼のアテンダントに握手をしてもらったり、民族衣装を着たアフリカ人に頭を撫でられたりしたことが、いまも忘れられない思い出です。

生身の人間だけでなく、リアルな文化に触れるチャンスもふんだんに用意されていました。たとえば料理。外国館のレストランでは本国から来たシェフが腕をふるい、民族衣装を着たその国のウェイトレスがサーヴしてくれたのです。たったそれだけのことでさえ、当時の日本人には経験のないこと。大きな教育効果をもたらす体験でした。

ちなみにフランス館ではエスカルゴを食べることができたし、ソ連館では5万円の特別料理もありました。現在の価格にしておよそ25万～30万円くらいでしょう。たんなる食事でさえ、大いなる非日常が用意されていたわけです。

これが大阪万博が日本社会にもたらしたもうひとつのインパクトです。当時の人気番組『兼高かおる世界の旅』などテレビで見るものであり、フライトシミュレーターとおなじく手の届かない別世界だった外国を、万博が身近な存在へと引き寄せたのです。
大阪万博が提供したもうひとつの非日常。それは「異国の疑似体験」でした。

Q― 大衆が大阪万博に熱狂したのは、「未来」と「異国」を見せてくれたからなんですね？

そうです。大阪万博は〈未来〉と〈異国〉という2種類のバーチャル世界を疑似的に体験させてくれました。宇宙船にしろエスカルゴにせよ、いわば〝ブラウン管の向こう側〟だったもの。それがいきなりこちら側に姿を現したわけですから、いかに衝撃的な出来事だったかおわかりいただけると思います。
「驚くべきモノ」と「驚くべき体験」が点在する森のなかを巡り歩き、〈未来〉と〈異国〉を身体感覚で掴んでいく。こんなエキサイティングなイベントなど、万博をおいてほかにありません。

立ち並ぶパビリオン群。奇抜なフォルムで非日常を演出していた。

当時の日本人が無理をしてでも見ておこうと考えたのは、ごく素直な感情でした。「リアルな近未来」を一目見るために、遠い親類縁者を頼って大阪をめざし、炎天下に何時間も並んだのも当然です。

ポイントは、すべてが見たことのないものだったこと。そして人々を無条件でワクワクさせるアイテムだったこと。さらにこのチャンスを逃したら二度と経験できないとわかっていたこと。

会場で待ち受けていたのが、「はじめて」で「エキサイティング」で「スペシャル」な体験だった。日本人が大挙して会場に押し寄せたのは、このシンプルな理由によるものです。

街中で似たような経験ができるレベルでは話にならないし、たとえはじめて見るものであっても、ワクワクさせてくれるものでなければ大枚をはたこうとは思いません。また、どんなに珍しいものであっても、いずれ見られる見込みがあれば、「今回は無理をせず、次の機会を待とう」と考えるでしょう。

唯一無二の体験には唯一無二の価値があることを、大衆はわかっていました。なにより「はじめての体験」が単純に楽しかったし、おもしろかったのです。大阪万博が、大衆に理屈抜きで行動させるだけの磁力をもった、最強のエンターテインメントだったということです。

「リアルな近未来」と「リアルな異国」。それが大阪万博の熱狂を生み出した原動力であり、それこそが万博というイベントがもつパワーの源泉なのです。

Q― その大阪万博をじっさいに体験したとき、どんなことを感じました?

「世界はもっともっと良くなる。人間の可能性は無限だ。いつかきっと自由に空を飛べるようになる。未来って素晴らしい。人間ってすごい…」。

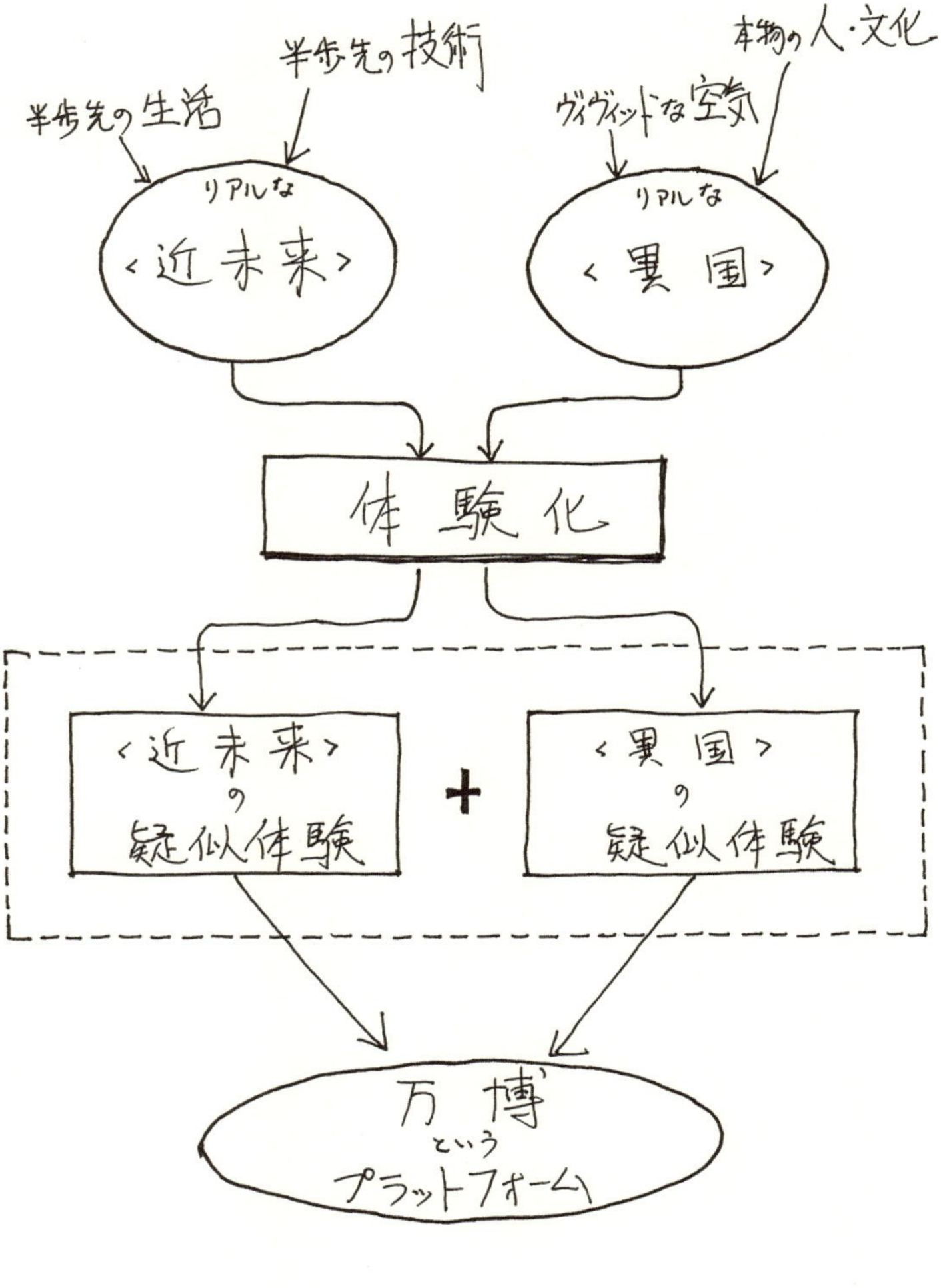
半歩先の技術
半歩先の生活
本物の人・文化
ヴィヴィッドな空気
リアルな
<近未来>
リアルな
<異国>
体験化
<近未来>
の
疑似体験
+
<異国>
の
疑似体験
万博
という
プラットフォーム

万博会場でぼくを襲ったのはこんな感慨でした。「輝かしい未来」に触れたことで、〈進歩〉や〈未来〉への肯定感が湧きあがってきたのです。

そしてこう思いました。「日本ってすごい。この時代の日本に生まれてほんとうに良かった」。

これが万博というエンターテインメントがもたらす最大の副産物です。見る者に未来への希望を醸成するとともに、「輝かしい未来」を見せてくれた自国に対する自信と誇りの感情を育むのです。未来にタッチしたとの実感は精神を高揚させ、明日は今日より良くなるとの確信は上質のカタルシスを呼び起こすからです。

じつは万博が権力サイドに重用されてきたもっとも大きな理由のひとつがこれでした。万博は大衆の精神に作用し、未来へのモチベーションを掻き立てるとともに、現体制への肯定感を醸成してくれるからです。

言い換えれば、やり方によっては大衆の意識を変える啓蒙装置として使えるということです。後ほどお話しするように、じっさい19世紀にはこの目的で使われ、大きな成果をあげました。

産業技術の国際見本市として工業化の進展に貢献し、大衆の意識に働きかけて未来へのモチベーションを掻き立て、現体制を支持する気分を醸成してくれる。まさに一石三鳥。為政者にとってこれほどありがたいプロジェクトはありません。

すべては日常生活の半歩先にあるモノや出来事を先行体験／疑似体験させ、まもなくやってくる「幸せな近未来」を直感させる、という仕掛け《メカニズム》の産物です。19世紀に生まれたときから、万博はこの基本戦術を大切に守り、拠り所にしてきました。

万博は、近代国家／大衆社会という新しい社会構造を反映した情報交通の新たなプラットフォームとして登場したものですが、同時に、大衆にとっては比類なきエンターテインメントであり、権力サイドにとっては破格の効果を約束してくれるキャンペーンメディアだったわけです。

大衆の欲望と権力の欲望。双方の欲望を蜜月にもち込むことに成功したことで、万博は爆発的なパワーを手にしたのです。

第2節　〈未来〉というスペクタクル

Q―　万博は19世紀半ばにロンドンで生まれたとのことですが、当時の万博ってどんな感じだったんですか？　イギリスではじまったのは、やはり国力が大きかったから？

「世界初開催」の栄誉を手にしたのはイギリスですが、むろん偶然ではありません。

当時のイギリスは、圧倒的な生産力で工業化レースを独走し、7つの海を股にかける「日の沈まない国」。産業革命のアドバンテージをもって工業化に邁進するとともに、海運や植民地などを駆使して世界の産物を流通させていた「大英帝国」でした。じっさい当時のヴィクトリア女王在位中、自治領と連邦を含むイギリス領土は2倍に膨らんだと言われています。

いっぽう穀物法撤廃につづいて万博2年前の1849年には航海条例を廃止。自由貿易へと一気に舵を切りました。万博とは国境を越えて産物を自由に行き来させる営みですから、それを是としない価値観のもとでは成り立ちません。早くから国内博を活発に行い、博覧会のメカニズムを開発してきたフランスがイギリスに先を越されたのも、保護貿易主義から抜け出せなかったためでした。

イギリスが先陣を切ることができたのは、あらゆる面で条件が整っていたからです。

1851年、こうして大英帝国は世界初の万博を開催します。会場はロンドン・ハイドパークに建築された巨大なガラスのパビリオン『水晶宮（クリスタルパレス）』。144日間に603万人を集め、国家予算を1ペニーも使わず18万6000ポンドの利益をあげる成功を収めました。

ハイドパークに突如現れた巨大なガラスのパビリオン『水晶宮』(1851ロンドン)。

万博と聞けば、色とりどりのパビリオンが立ち並ぶ光景を思い浮かべますが、創設当初の万博は、東京ビッグサイトのような巨大展示場のなかに出品ブースを区画し、そこにモノを並べるという見本市スタイルでした。

並んでいたのは10万点にのぼる出品物です。蒸気機関車、消防車、望遠鏡、顕微鏡、計算機、製粉機、封筒折機、冷蔵庫、洗濯乾燥機、車イス、義手…、ありとあらゆる最新の工業製品・試作品が一堂に会していました。

一番人気は機械セクションでした。蒸気機関はもとより、蒸気ハンマー、輪転機、油圧装置など、庶民が見る機会のない動力機械や工作機械が居並ぶ光景は迫力満点。うなりをあげて駆動する大型機械群に、民衆は畏怖の念を抱いたことでしょう。

そしてこう思ったはずです。「世の中はもっともっと便利で豊かになる」。そして「技術の進歩が人間を幸せにしてくれる」と感動し、「この大英帝国に生まれてほんとうに良かった」と感謝したにちがいありません。50年前のぼくとおなじです。

〝人類の前には明るい未来が待っている〟。

万博が発していたのはこのメッセージです。それをもっともわかりやすい形で体現していたのが『水晶宮』でした。長さ563m、幅124m、総面積7万7000㎡におよぶ鉄とガラスの展示場で、まるで巨大な温室のような建物です。

建築とは石やレンガを積み上げるもの。壁は厚く、窓は小さく、室内は薄暗いのがあたりまえ。そんな時代にとつじょ燦然《さんぜん》と輝くガラスの巨大建造物が出現したわけですから、人々が受けた衝撃は計り知れません。キラキラと輝く透明の大伽藍《がらん》を前にして、まもなくやってくる「明るく衛生的で豊かな明日」に胸を躍らせたことは容易に想像がつきます。

すぐそこまで来ている「幸せな近未来」を、理屈ではなくリアルなモノで実感させる。

「半歩先の技術」を見せることで、大衆に「技術がひらく豊かな未来」を予感させる。

それが19世紀に登場したときから現在に至るまで、一度もブレることなく貫いてきた万博の作

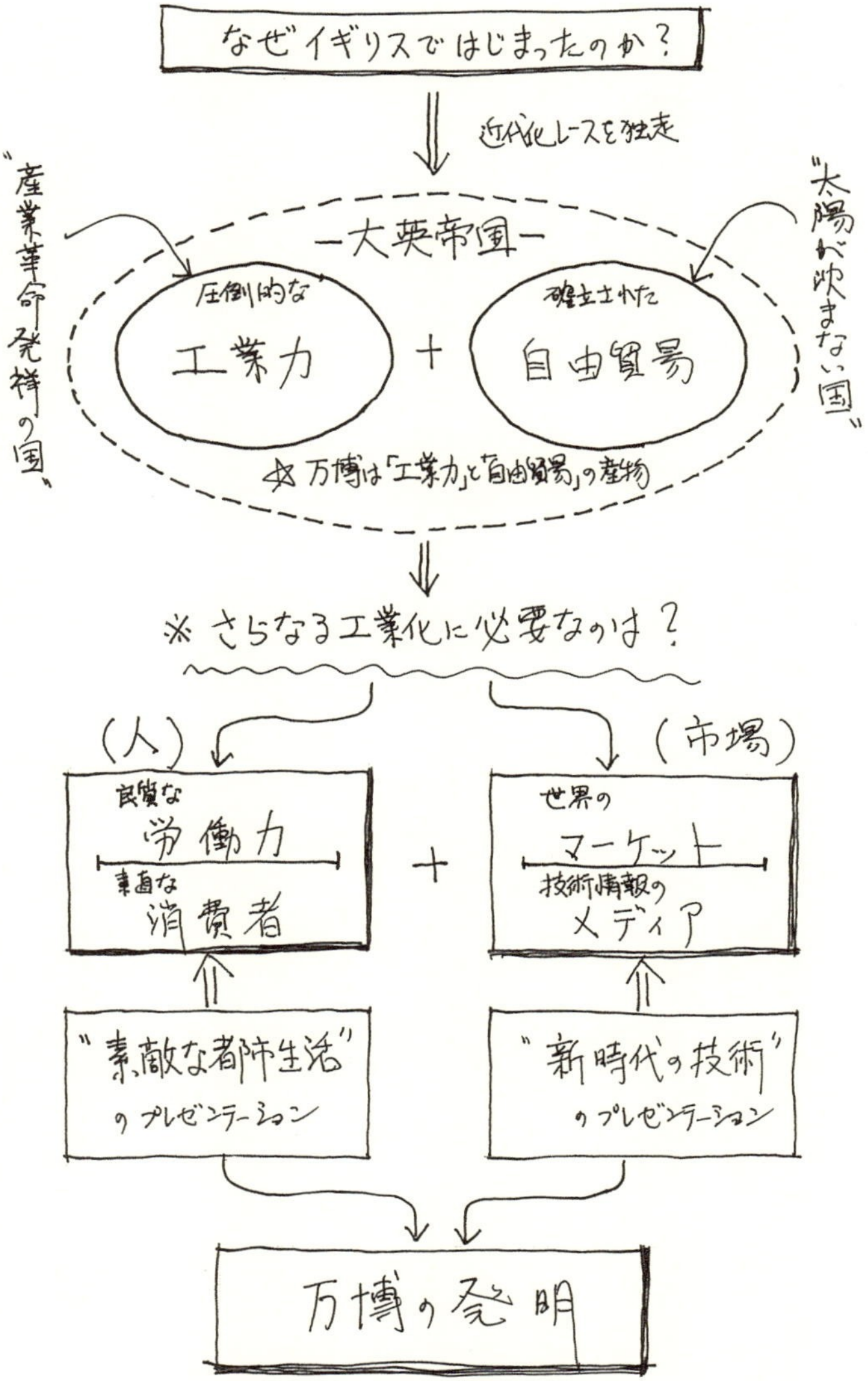
なぜイギリスではじまったのか？
近代化レースを独走
"産業革命発祥の国"
"太陽が沈まない国"
ー大英帝国ー
圧倒的な
工業力
＋
確立された
自由貿易
☆万博は「工業力」と「自由貿易」の産物
※さらなる工業化に必要なのは？
（人）
（市場）
良質な
労働力
素直な
消費者
＋
世界の
マーケット
技術情報の
メディア
"素敵な都市生活"
のプレゼンテーション
"新時代の技術"
のプレゼンテーション
万博の発明

法です。万博は「技術をとおして未来を語るイベント」として生まれ、いまもそのスキームを頑なに守っているのです。

Q その後の万博が見せてきた「半歩先の技術」って、たとえばどんなものだったんですか？

ロンドンから2年後の1853年ニューヨーク万博では、E・G・オーティスが安全装置付きのエレベーターを実演しました。ただの「板」が人間を高みへもちあげるだけでも眼を疑う光景なのに、上空のオーティスがいきなりロープを切ったときには息を呑んだはず。安全装置が働いて停止したあとは万雷の拍手に包まれたことでしょう。

1889年パリ万博ではエジソンの蓄音機が話題になりました。なんの変哲もない「小さな箱」から人の声が聞こえくるのですから、人々の驚きは、いまのぼくたちには想像できないほど大きかったにちがいありません。「人間を空中にもちあげる板」も「人の声が聞こえる箱」も、いまで言えば、さながら引田天功のイリュージョンです。

E・G・オーティスによるエレベーターの実演（1853ニューヨーク）。

合衆国独立100年を記念した1876年フィラデルフィア万博の最大の呼びものは、ジョージ・コーリスが考案した世界最大の蒸気機関でした。開会式でグラント大統領とブラジルのペドロ皇帝が始動ハンドルを回すと、つながっている機械群が一斉に動き出したそうです。機械群をつなぐベルトの総延長はなんと65㎞。観客はその迫力に度肝を抜かれるとともに、アメリカ工業力の圧倒的なスケールを実感して感激したことでしょう。

エジソンが蓄音機を出品した1889年パリ万博では、ついにエッフェル塔が登場します。いまやパリになくてはならないモニュメントですが、もともとはフランス政府が万博のシンボルとして組み入れたもの。

〝骨〟だけで軽やかに立つシルエットは、日ごろ見慣れた重々しい石の建築とは正反対。見上げた人々は「パリが変わる。新しい時代が来る」と実感して高揚したことは疑いありません。そして「技術の進歩が豊かな未来をつくる」という予感、すなわち「技術がひらく輝かしい未来」のイメージがこみあげてきたはずです。

エッフェル塔は、工業社会への扉が開かれたこと、それが「幸せな近未来」を約束するものであることを、『水晶宮』と同様に言葉ではなく実物で実証してみせたのです。

この万博では、巨大な製紙プラントが稼働してじっさいに紙を生産していましたし、1915年サンフランシスコ万博の『交通館』では、パビリオン内でじっさいにT型フォードが製造され、1日18台の完成車がロールアウトしていました。出品物が、単体の「モノ」から「生産システム」にまで広がっていったわけです。

Q—「幸せな近未来」をリアルなモノで見せる。万博のコンセプトって、要するにそういうことなんですね？

そうです。ただし、20世紀半ばまでは、です。

陳列して、実演する。

それがこの時代の基本原理でした。規模は格段にちがうけれど、原理そのものは物産展や見本市と変わりません。事実、いまではパビリオンを出すことを「出展」と呼びますが、当時は「出品」と言い、万博への参加とは「モノを出すこと」と同義でした。

新聞印刷（1851年ロンドン）、クルップ大砲（1867年パリ）、タイプライター（1876年フィラデルフィア）、白熱灯（1889年パリ）、世界最大の観覧車（1893年シカゴ）、動く歩道（1900年パリ）、乗り合い電気自動車（1904年セントルイス）、電話（1915年サンフランシスコ）…。

「世の中の動きを伝えてくれる紙」「夜を照らしてくれる球」「馬なしで動く馬車」…。この時代の新技術は、一目見ただけで意味と機能がわかりました。世の中がどれほど便利に、豊かになっていくか。それが〝説明抜き〟でわかるから、無学の大衆にも伝わり、驚き感動したのです。

しかし次第に状況が変わります。技術の高度化が進むにつれて、たんにモノを並べるだけではスペックや技術革新の意味を伝えられないという問題に直面したのです。かつては〝馬なしで動く〟ことを見せるだけでじゅうぶんだったのに、走行性能を競う時代になると、会場でそれを実演することができない、どこが凄いのかを「説明」しなければなにも伝わらない、という困った事態です。

出展サイドのモチベーションも変わりました。クルマという単体の商品だけでなく、「わが社が大切にしている生産思想はどのようなものか、どんなクルマ社会を目指しているのか」といった企業理念や、「全国に広がるサービス網」といったソフトな価値まであわせて知って欲しいと考えるようになったのです。

一言でいえば、シンプルな「製品露出」から「ブランディング」へのシフトです。〝はじめて目にする驚愕の発明品〟だったクルマが〝あってあたりまえ〟になれば、とうぜんそうなります。自動車メーカーには高度なマーケティングが要求されるようになりますし、企業への信頼と共感を勝ち取らねば生き残ることはできません。

こうなると「陳列」や「実演」とは別のメカニズムが必要です。従来の物産展・見本市のスキームを超えるコミュニケーション構造とはいかなるものか。万博が試行を繰り返しながら辿り着いたのは「空間体験」というコンセプトでした。「空間体験をとおして理念やメッセージを伝える」という新しいメカニズムです

『フォード館』（1964ニューヨーク）。演出技術は現在と遜色のないレベルだ。

Q　「空間体験をとおして理念やメッセージを伝える」とは、具体的にはどんなことをやったんですか？

「陳列」から「空間体験」へ、という構造変革はふたつの世界大戦のあいだで進みました。新たな展示スキームは１９３３年シカゴ万博で萌芽し、はやくも6年後の１９３９年ニューヨーク万博で大きな成果をあげるまでに進化します。

　ニューヨーク万博の一番人気は、『ＧＭ（ゼネラルモーターズ）館』の「フュートゥラマ(Futurama)」と名づけられた展示でした。20年後の１９６０年を想定した巨大な都市模型で、高速道路が縦横に走る近未来のモビリティ社会のヴィジョンを造形化したものです。模型の上空に円周状に配置した５５２の客席を回転させる、という大掛かりなスペクタクルでもありました。

「フュートゥラマ」に実物のクルマは出てきません。クルマのスペックのプレゼンテーションとも無縁です。ＧＭの狙いは、近未来のモビリティを見据えてクルマづくりをしているという企業イメージの醸成であって、あきらかに製品プロモーションより企業ブランディングを上位に置いています。ＧＭは企業の姿勢や意志、すなわち「思い」をこそ伝えたいと願ったわけです。

万博展示の主役がモノから概念へと移った瞬間でした。別の言い方をすれば、「展示のメッセージ化」であり「メッセージの体験化」です。

この流れは１９６４年ニューヨーク世界博で一気に加速しました。象徴的な出来事がウォルト・ディズニーの活躍です。ディズニーは社をあげてこの博覧会に取り組み、４つの大型パビリオンを企画制作します。中核を担ったのは「オーディオ・アニマトロニクス」と名づけられた革新的な自動制御ロボットでした。

『フォード館』の「マジック・スカイウェイ」は、ライドに乗った観客が恐竜の時代にタイムスリップするというもの。生きているように動き表情を変える恐竜の生々しい姿に、観客はさぞ驚嘆したことでしょう。『ペプシ館』の「イッツ・ア・スモールワールド」は、その後ディズニー

対峙するソ連館（右）とドイツ館（左）。まさに時代の空気を体現している（1937パリ）。

ランドの定番アトラクションになりました。

いずれも追求しているのは先端技術がつくり出すファンタジーの世界であり、形を変えた未来表現と言っていいでしょう。

「マジック・スカイウェイ」にしろ「イッツ・ア・スモールワールド」にせよ、もはやフォードやペプシの企業活動とはなんの関係もありません。自社技術のアピールには眼をつぶり、ディズニーの演出技術に丸ごとおんぶに抱っこしてでも、高度なエンターテインメントをとおしてブランドへの親近感を醸成するのが得策だと考えたわけです。大型機械が所狭しと並んでいた19世紀の光景を思い返すと、まさに隔世の観があります。

「モノから概念へ」という質的変化は、もちろん国家のパビリオンでも生じていました。典型は1937年パリ万博のドイツ館とソ連館でしょう。ヒトラーのナチス・ドイツとスターリンのソ連がエッフェル塔をはさんで睨みあう姿は、万博史に残る〝名場面〟です。ナチスのパリ侵攻まで3年。このときヨーロッパは抜き差しならない状況に足を踏み入れていました。

万博がイデオロギーとプロパガンダの戦場になったわけですが、ベクトルの向きはちがえども、出展者が自らの価値を「物語」として表現し、未来に向けたステートメントを表明しようとしている点においては「フュートゥラマ」となんら変わりはありません。モチベーションはともに「思いを伝える」ことでした。

Q 展示構造の変化は、万博の本質にも大きな影響を与えたんでしょうね?

結論を先にいえば、本質はまったく変わりませんでした。パビリオンのミッションが変わり、コミュニケーションのメカニズムが変わり、展示表現の技術が変わったにもかかわらず、根幹を

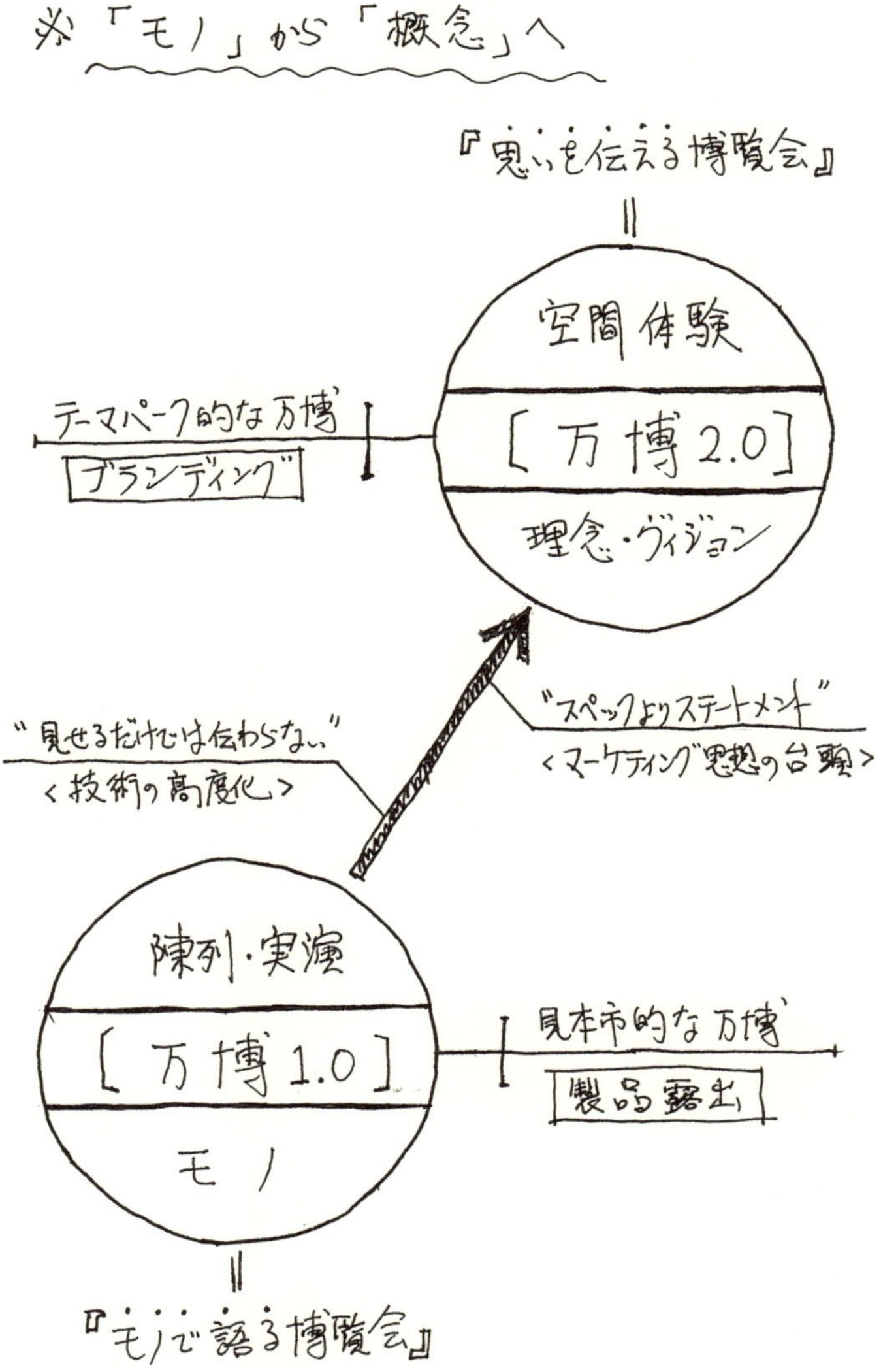
※「モノ」から「概念」へ
『思いを伝える博覧会』
空間体験
［万博2.0］
理念・ヴィジョン
テーマパーク的な万博
ブランディング
"スペックよりステートメント"
〈マーケティング思想の台頭〉
"見せるだけでは伝わらない"
〈技術の高度化〉
陳列・実演
［万博1.0］
モノ
見本市的な万博
製品露出
『モノで語る博覧会』

支える思想も構造も微動だにしなかったのです。

「陳列して、実演する」展示から、「空間で語る、体験で伝える」展示へ。すなわち『モノで語る博覧会』から『思いを伝える博覧会』へ。本書では、前者を【万博1・0】、後者を【万博2・0】と呼ぶことにします。

20世紀半ばに生じたこの世代交代で、万博の景色は大きく変わりました。しかし、万博という制度が最深部に抱える〝遺伝子〟まで書き換えられたわけではありません。万博が誕生のときから受け継いできたDNA。それは、「半歩先の技術」を見せることで大衆に「幸せな近未来」を予感させるというコンセプト、すなわち〝近未来の疑似体験〟というアイデアです。

先ほど大阪万博に日本が熱狂したのはこのコンセプトの賜物だったと言いましたが、万博はその後もこのスキームを迷うことなく守りつづけています。環境や健康をテーマにした最近の万博でも、語っているのは「この技術が環境問題を解決し、人類と地球を救う」という物語です。蒸気機関が環境技術に置き換えられただけで、「技術の進歩が幸せな未来をひらく」というストーリーは揺らいでいません。

それが生まれたときから脈々と受け継いできた遺伝子であり、それが万博というものなのです。

第1回のロンドン以来、万博は大衆に「半歩先の未来」「すぐそこにある未来」を見せてきました。いわば映画のトレーラー（予告編）のようなものです。

予告編は、本編からキャッチーなシーンを切り取って映画の世界観をシンボリックにアピールするもの。おなじように、万博は半歩先の技術を切り取って「幸せな近未来」をプレゼンテーションする営みです。

すぐれた予告編が本編への期待を掻き立て、観客をワクワクさせるように、すぐれた万博は観客に「未来への入り口に立った」との実感を与えてくれます。ワクワクしないわけがありません。

万博がかつて強大な力をもち得たのは、この「近未来の疑似体験」というコンセプトに由来するものであったとぼくは考えています。

未来というスペクタクル。それが万博の本質であり、魅力の源泉です。

万博は「幸せな近未来」を見せてくれる魔法の場所。そのエキサイティングな体験が大衆を悦楽に誘い、夢や希望といった明日への肯定的な感情を掻き立てたのです。

第3節　見世物としての〈異国〉

Q 〈未来〉とならんで万博の魅力を創出してきたもうひとつのコンセプトが〈異国〉だったという話がありましたが、そちらはどういう変遷を辿ったんですか？

先ほど少しお話ししたように、万博とは「国境を越えて技術や産物を自由に行き来させる営み」ですから、生まれたときから「国際的」であり、遺伝子レベルに「世界」という概念が刻まれています。

もともと万博が産み落とされた背景には、産業革命の成果で地球が小さくなりつつあった状況がありました。第1回ロンドン万博の13年前には最初の定期蒸気船が大西洋横断に成功。リバプール〜ニューヨーク間が10日余りで移動可能になります。陸路も同様で、かつては馬車で3日を要したロンドン〜リバプール間が、ロンドン万博の頃には5時間にまで短縮されました。文字どおり革命的な環境変化です。

そこに、保護貿易から自由貿易へ、という流れが加わりました。ながらくつづいた保護貿易から自由貿易へと大きく潮目が変わる瞬間に、万博は誕生します。

工業立国を進める列強諸国にとって、「世界」と平和裡にコンタクトすることは国益に直結する課題でした。「世界」は自国製品を輸出するマーケットであると同時に、自国にない外来技術をコピーするうえでの貴重な情報源です。工業化レースに勝つためには、国際的なスケールで人・モノ・情報を流通させることが不可欠。万博という制度は為政者の願望をきわめて合理的・効率的に解決するツールでした。

大衆が「世界」という概念を手に入れたのもこの頃です。「世界」の存在を知ったら、つぎに「全世界」を眺めてみたいと欲望するのは当然のこと。万博は大衆に世界と平和裡にふれあうことの意味と歓びを教えました。

かつて万博が強大なパワーをもち得たのは、「未来」とともに「世界」を大衆に見せてきたからです。「世界」が一堂に会する万博は、権力サイドにとっては巨大なマーケットと対話する合理的な産業政策であり、大衆にとっては知的好奇心を満たしてくれる新たな娯楽だったのです。

万博は世界とつながっている。万博が世界を連れてくる。万博には世界がある。

万博が提供する「異国の疑似体験」がエキサイティングなエンターテインメントだったことは

ぼく自身が経験しています。「死ぬまでに一度でいいから外国を見てみたい」と夢見ていたぼくは、大阪万博ではじめて「リアルな外国人」を見て眼を見張りました。

しかしもうそんな時代ではありません。かつて万博の魅力を支えていた「世界」という商品は、いま価値の下落に直面しています。

Q―いま話にあった「世界」とは、基本的には西洋先進国のことですよね？　万博は非西洋諸国を相手にしなかったんですか？

製品輸出のマーケットや技術情報の交流相手となり得るのは、たしかに欧米先進国だけでした。しかし万博が見せてきた「世界」とは、かならずしも先進国だけではありません。非西洋の途上国も当初から積極的に参画していたからです。

ではいったい彼らはどんな役回りを演じていたのか？　ズバッと言い切ってしまえば、エキゾティックな特産品やサービスを売る「売店」であり、異国情緒を売り物にした「見世物」でした。

１８６７年パリ万博でこの構図が確立します。中東、アジア、中南米などの非西洋諸国の展示館を巨大展示場（パレ）四隅の庭園ゾーンに集落のごとく配置したのですが、はからずも〝オリエンタルパーク〟のような景観が立ち現れ、大きな話題になったのです。ファラオ神殿を模したエジプト館、アステカ神殿がモチーフのメキシコ館、モスクとトルコ風呂のトルコ館、巨人と小人を連れてきた中国館…。エジプトはラクダの飼育小屋までつくり、隊商がキャラバンサライで休息する状況を完全再現します。

日本も例外ではありません。この１８６７年パリ万博は、徳川幕府のほかに薩摩藩と佐賀藩が独立国のような顔をして出展したことで有名ですが、それらをはるかに凌駕する人気を博したのが、浅草の商人清水卯三郎がプライベートで出店した一軒の茶屋でした。

そこに日本から連れて行った３人の柳橋芸者を〝展示〟したのです。煙管をふかしたりコマで遊んだりするだけで、なにをするわけでもないのですが、和服姿の日本女性がパリ市民を釘づけにします。この小さな茶屋は幕府館に匹敵する売り上げをあげたと言われています。

現地様式をモチーフにした建物、現地から運び込んだ品々、配置された〝原住民〟…。モノだけでなく、人間や環境まで含めて〈異国〉を演出する手法は、現代のテーマパークと同質です。蒸気機関や工作機械がならぶメイン会場とは対極的な情景であり、「幸せな近未来」とは別の意味で大衆のこころをグリップしたであろうことは容易に想像がつきます。

　それにしても、技術力と工業力を競う産業オリンピックにあって、途上国はなぜ自国の工業製品をプレゼンしなかったのでしょう？　いうまでもなく列強諸国とは絶望的な格差があったからです。自国製品をならべてもどうせバカにされるだけ。ならばいっそエキゾティシズムに訴えて特産品を売ったほうがいい。

　日本を含めた非西洋諸国がとったエキゾティック路線は、遅れている国があえて遅れている姿をアピールする、いわば〝弱者の戦略〟でした。見せるモノがないから「見世物」で勝負する。途上国のとり得る戦略は、エキゾティシズムの発動だけしかなかったのです。

　万博の主役はあくまで西洋先進国であって、途上国は引き立て役に過ぎません。どんなに綺麗事を言おうが、それが万博の歴史であり現実です。いまに至るまでこの構図は変わっていません。国力の小さい途上国は、いまも「売店まがい」「シアターレストランまがい」と言われ、肩身の狭い思いをしながら参加しているのです。

Q―　当時の万博は、非西洋世界をエンターテインメントのコンテンツとして利用したということですね？

“異国”を売りものにした『カイロ通り』(1889パリ)。エッフェル塔と人気を二分した。

そうです。1867年パリ万博で萌芽したテーマパーク型の非西洋展示は、その後すぐに定番コンテンツに育ち、大きな人気を博すようになりました。

その代表が、エッフェル塔が登場した1889年パリ万博につくられた『カイロ通り』です。酒場や見世物小屋がひしめく猥雑な歓楽街で、官能的なベリーダンスに男たちが殺到、エッフェル塔に次ぐ人気になりました。

この万博で「未開展示」というコンセプトも生まれました。アフリカ、アジア、オセアニアの未開社会の環境を再現し、そこに先住民を連れてきてサファリパークのように観察する、という趣向です。

題材は植民地でした。列強各国にとって、植民地は国力の象徴であり、母国繁栄の証。「探検と征服の物語」は、大衆の好奇心を満たしながら権力基盤をアピールできる絶好のテーマです。建前としては学術的な「民族学展示」を標榜していましたが、実態はもちろん大衆向けのアトラクション。万博は人間を見世物にすることに躊躇しませんでした。

この「民族学展示」も人気を呼び、定番コンテンツに育ちます。各国の博覧会をわたり歩いてギャラを稼ぐ〝プロの土人〟も現れました。

いっぽう、つづく1900年パリ万博では、「世界」をテーマにしたさまざまなアトラクションも出現します。世界各地の名所が大パノラマとなって観客の前に広がる『世界旅行パノラマ』、ゆれる客車の車窓から見える風景画が流れていく『シベリア横断』など、「異国の疑似体験」を売り物にした「バーチャル世界旅行」型の体験アミューズメントです。

きわめつきは、世界の建築を無理やりひとつに〝合成〟した『世界の塔』。インドの寺院、日本の五重の塔、中国の宮殿、アラブのモスクなど、世界の象徴的な建物を円周状につないだアクロバティックな建造物で、「ひと回りで世界一周」をそのまま造形化した前代未聞の建築です。

トーマス・クックが世界初の「世界一周観光ツアー」を実現させ、ジュール・ベルヌが『八十日間世界一周』を発表したのがおよそ30年前の１８７２年。この頃にはヨーロッパの大衆と「世界」の距離感が、すでに〝旅先〟と認識するほどまでに縮まっていたことがうかがえます。

Q

万博が未開社会の展示に注力した背景にはどんなモチベーションがあったんですか？いかに国力をアピールするためとはいえ、「技術をとおして未来を語るイベント」である未来志向の万博にはそぐわない気がするんですが……。

一見しただけではたしかに場ちがいに見えますが、よく見るとひとつの価値観が通底していることがわかります。キーワードは「進歩」です。

「技術の進歩が豊かな未来をつくる」ことをメッセージする万博は、生まれたときから「進歩の正義」を説いてきました。訴えていたのは、「産業技術の進歩が人と社会を幸せにする」という工業社会の進歩観です。

むろん〝進歩レース〟を実際に走っているのも、走る資格があるのも西洋先進国のみ。周回遅れの非西洋は〝教化〟の対象であって、近代社会に脱皮したければ西洋文明に学び、教えを請うほかない。万博を主導する列強はそう考えていました。

「民族学展示」の出展者は万博主催国、すなわち列強諸国であり、非西洋諸国が〝弱者の戦略〟として差し出したエキゾティック展示とは似て非なるものです。圧倒的強者たる列強のモチベーションは、国威発揚とともに「啓蒙」にありました。近代社会の意味と正当性を大衆にわかりやすく理解させたいと考えたのです。

サファリパークで動物を眺めるように未開部族のくらしぶりを覗き見る「民族学展示」は、1904年セントルイス万博で頂点を極めます。敷地面積はじつに数十ヘクタール。驚くべきは再現精度で、それまでのように似せてつくるレベルではなく、現地から運び込んだ資材で住居を

おなじ民族の〝野蛮人〟と〝準文明人〟の対比（1904セントルイス）。

建て、現地から〝ネイティブ原住民〟を連れてきて住まわせる、という徹底ぶり。日本からも2家族のアイヌが海を渡りました。

世界からさまざまな部族を集めたのですが、とりわけ力を入れたのが6年前の米西戦争で手に入れたフィリピンでした。19ヘクタールという広大な敷地に『フィリピン村』を造営。6つの集落に1000人を超える先住民を住まわせたのです。

暮らしていたのは、首狩りの習俗を残すイゴロット族や犬を丸焼きにするボントック族など。ホンモノの〝野蛮な未開人〟を眼のあたりにした観客たちの驚きと興奮は、ぼくたちの想像をはるかに超えるものだったにちがいありません。

特筆すべきは、米フィリピン総督の教育により〝文明化〟されたおなじ民族の警察兵らを同居させたこと。文明社会に仲間入りできた〝準文明人〟と〝野蛮人〟。両者を同時に見せることで、近代教育の意味と威力を理屈抜きで実感させようとしたのです。ネイティブアメリカンの居留区でも、民族衣装で暮らす老世代と、西洋教育を受ける孫世代をシンボリックにならべました。

文明化された民と未開で野蛮な民。その強烈なコントラストは、西洋文明の優位と非西洋社会の劣後を理屈抜きでわからせます。さらに近代教育により「野蛮からの脱出」を果たすストーリーは、帝国主義と植民地主義の正義を語ってくれます。

欧米列強が主導する万博は、近代主義の産物であると同時に、帝国主義の産物です。「西洋」と「非西洋」、「文明」と「野蛮」、「開化」と「未開」。19世紀に誕生したときから第2次大戦が終わるまで、万博は100年にわたってこの対比を見せてきました。「進歩」をリードする西洋先進国と、あとをついていく非西洋後進国。西洋の近代教育が彼らを文明人に変え、幸せにする。万博はこの〝救済の物語〟を20世紀半ばまで基幹思想としていたのです。

ちなみに日本もおなじことをやっています。たとえば1903年に大阪・天王寺で開かれた第5回内国勧業博覧会に登場した『学術人類館』では、朝鮮、清、アイヌ、琉球、アフリカなど世

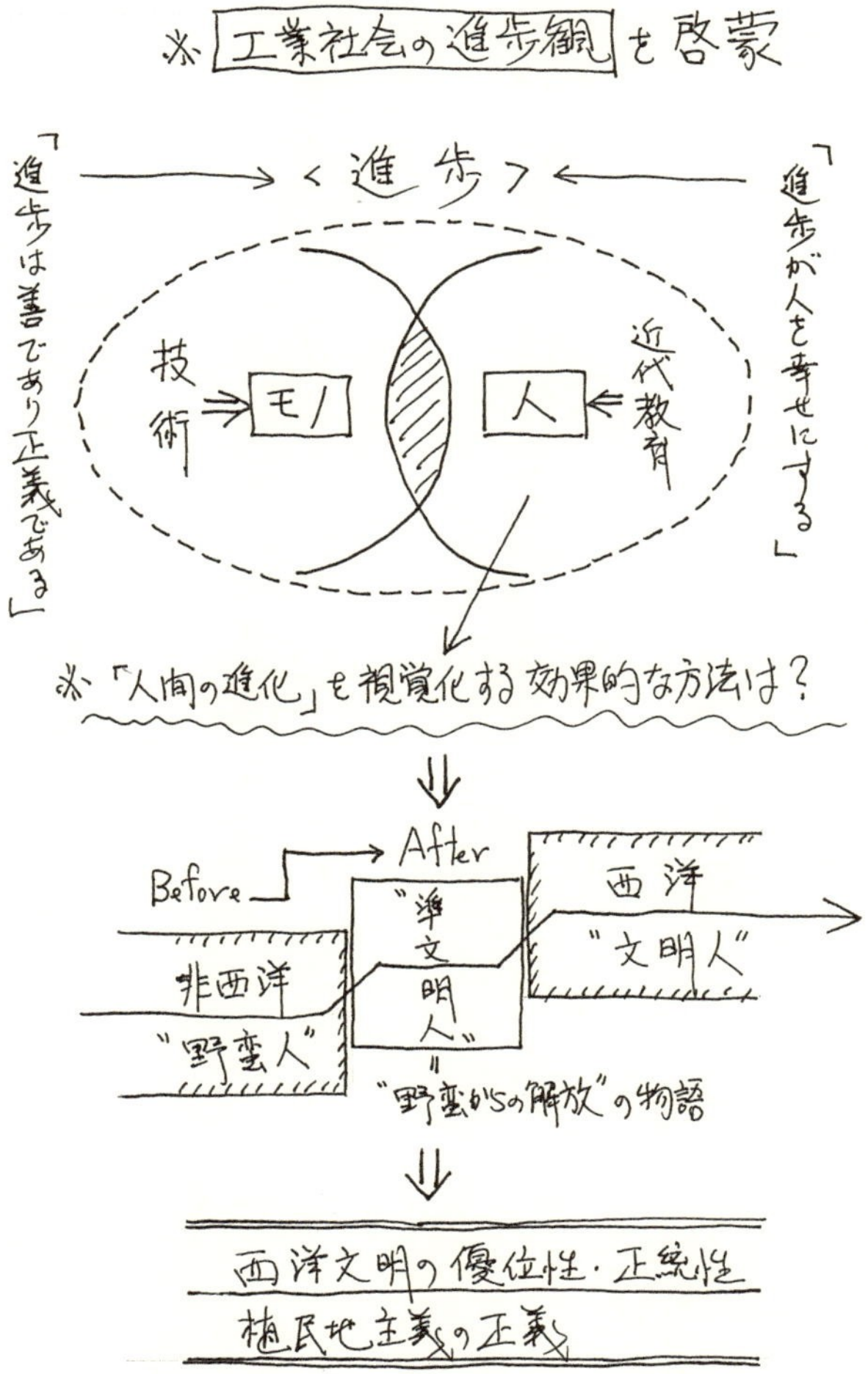
※ 工業社会の進歩観 を啓蒙
「進歩は善であり正義である」
〈進歩〉
「進歩が人を幸せにする」
技術
モノ
人
近代教育
※「人間の進化」を視覚化する効果的な方法は？
Before
After
非西洋
"野蛮人"
"準文明人"
西洋
"文明人"
"野蛮からの解放"の物語
西洋文明の優位性・正統性
植民地主義の正義

界各地の生身の人間を〝陳列〟。朝鮮や清から抗議される外交問題になりました。

このように、万博はさまざまな形で「世界」とかかわってきました。それどころか産業・文化を核にした「世界のいま」をプレゼンテーションすることこそが万博だったと言ってもいいくらいです。

大衆が「世界」という概念を手にした時代にはじまった万博は、「異国」に触れる喜びを提供しつづけてきました。先端的な工業製品から辺境の生活文化まで、いずれも知的な好奇心を満たしてくれる非日常体験であり、ある種の快楽をもたらすものでした。

構図はいまも変わっていません。万博は世界との出会いの場であり、それを売り物としたイベントです。しかし大衆と世界との距離感は最近になってケタちがいに変わってしまいました。

第4節 「娯楽」の積層

Q 万博って有料イベントですよね？　ということは、当初から大衆をターゲットにしたエンターテインメントとして考え出されたものなんですか？

第1回ロンドン万博のときから、万博は入場料をとって運営する「有料経営型イベント」です。大衆の関心を喚起できなければ来てもらえないし、入場者数が見込みに達しなければ赤字になります。

ロンドン以来、万博が右肩上がりの成長を遂げることができたのは、万博が提供するコンテンツやサービスが大衆をひきつけたから。お話ししてきたように、〈未来〉と〈異国〉が比類のないエンターテインメントだったからです。

見たことのないモノ、驚くべきモノ、ワクワクさせてくれるモノ、なにより便利で豊かな未来を予感させてくれるモノ…。万博が見せてくれる新技術は、驚異の「未来体験」であると同時に大衆の興味を掻き立てる「娯楽」でした。「異国」や「辺境」も同様です。

水晶宮やエッフェル塔を見上げたときの高揚感、エレベーターや蓄音機を見たときの驚き、裸で暮らす〝野蛮人〟を眼にしたときの衝撃…。万博は、産み落とされたときから最強のエンターテインメントでした。

しかし、だからといって、当初からアミューズメント施設として構想されたわけではありません。狙いはあくまで工業振興と産業育成であって、一義的には工業社会への飛躍を目指した「産業政策」です。じっさい初期の万博は、出品者がもち込んだ製品やプロトタイプを整然と並べていただけで、意図的に計画された娯楽要素はほとんどありませんでした。

じじつ第1回ロンドン万博では酒やタバコはもち込めませんでしたし、夕方には観客を水晶宮から追い出して閉館しています。ナイトライフとは無縁の、じつに健全な「見本市」だったわけです。

会場には無数の製品が並んでいるだけ。しかし、じつはそれこそが大衆の欲望に応える画期的な状況でした。眼の前に大量の製品が並んでいる。しかも見るだけで買わなくていい。それだけで非日常であり、エキサイティングな体験だったのです。

当時の商店は、店内に入っても客の前に商品はなく、話を聞いた店主が奥から出してくる、というスタイルでした。選ぶ自由もなければ定価もなく、すべてが交渉ごと。むろん店主は高く売りつけようとします。いいものを安く提供することで信頼と売り上げを伸ばそうとする近代的なビジネス観はまだ影も形もありませんでした。

そんななかで、万博は価格を褒賞制度の審査項目に含め、観客に聞かれたときには定価を回答するよう義務づけます。密室の相対《あいたい》取引から、定価販売への移行を後押ししたのです。

「地球が小さくなり、だれもが世界とアクセスできる時代がくる」という状況認識から生まれた万博は、「新たな知見はただちに世界で共有され、競争環境に置かれるべきだ。切磋琢磨が品質向上と低価格化を進め、社会に恩恵をおよぼす」という理念をもっていました。すなわち「自由でフェアな競争こそが産業の近代化と発展を進める」という産業観から出発しているのです。

いっぽう大衆にとっては、高く売りつけられる心配をせずに自由に商品を見て回れる環境、無数の商品に囲まれるというスペクタクルは、それ自体がはじめて体験する画期的なアトラクションでした。

この非日常体験をビジネスに変えたのが百貨店です。フランス最古のデパート「ボン・マルシェ」をつくったブシコー夫妻は、１８５５年と１８６７年のパリ万博を見てデパートの着想を得たと言われています。定価制を導入し、多様な商品を見て歩く楽しさを武器に集客するデパートは、万博の枠組みを日常に移植することで生まれたのです。

Q 当初は真面目な見本市だったにせよ、すぐに『カイロ通り』や「民族学展示」のようなアミューズメントを意図的に織り込むようになったわけですよね？

そのとおりです。嚆矢《こうし》は1867年パリ万博でした。

先ほどお話ししたように、パレ（展示館）周囲の庭園ゾーンがはからずも〝オリエンタルパーク化〟したわけですが、それだけでなく、庭園内にレストラン、カフェ、劇場、写真館、浴場、さらにはキャバレーや見世物小屋などの遊興施設をとり入れたのです。これらの施設はパレが閉館したあとも営業をつづけ、万博にナイトライフをもち込みました。その後のパリ万博の名物アトラクションとなる『水族館』もこの庭園でデビューしています。

話題づくりを目的とした「娯楽」を導入したわけです。言い換えれば、万博の遺伝子に「娯楽要素による集客」というコンセプトが書き込まれた瞬間です。

背景には、当時ヒートアップしていた規模拡大競争がありました。観客数の増加は、たんに「成功」という称号だけでなく、収入予算を押しあげ、ひいてはコンテンツのクオリティを向上させます。

エンターテインメントが集客の特効薬になると気づいた主催者が、それを戦略的に展開した成功例がエッフェル塔です。

エッフェル塔は、革命100年にふさわしい万博にしたいと考えたフランス政府が集客の眼玉として戦略的に組み入れたもの。「技術がひらく輝かしい未来」を予感させるモニュメントであると同時に、「空中展望」というだれも経験したことのない画期的なエンターテインメントでした。完工前に国論を二分する景観論争が勃発したものの、蓋をあけてみれば目論見どおりに観客が殺到。200万人が〝神の視座〟からの眺望を楽しみます。

〝エンターテインメントの力を借りて、大衆に「新たな時代」を予感させる〟

エッフェル塔が体現してみせたこの方法こそが、万博という空間メディアの本質であり、集客のエンジンです。

エンターテインメントとしての魅力で観客をひきつけ、ひきつけた観客に「半歩先の未来」を打ち込む。水晶宮も、蓄音機も、エレベーターもそうでした。あるいはインパクトのある光景で観客を魅了し、「進歩の正義」を体感させる。「民族学展示」がこれです。

いずれも「エンターテインメントの皮をかぶった啓蒙」でした。このメカニズムこそが万博の個性であり、本分です。逆にいえば、きちんと啓蒙したければ力のあるエンターテインメントになっていなければならず、エンターテインメントとして脆弱《ぜいじゃく》だとコンテクストも伝わらないということです。

だれがなんと言おうと、万博はエンターテインメントであり、大衆の欲望に寄り添わなければ成り立たないイベントです。一般大衆から入場料をとって経営するわけですからとうぜんです。大衆は楽しくなければ来ないし、おもしろくなければ金を払いません。

Q――『カイロ通り』のような、啓蒙とは無縁の純粋なアミューズメントも増えていったんですか？

次第にストレートなアミューズメントを組み入れるようになっていきました。

１８９３年シカゴ万博のシンボルになったのは、一度に２０００人が乗れる高さ80ｍの大観覧車『フェリス・ホイール』。この万博では、飲食、物販、音楽、踊り、サーカス、遊園具など、あらゆるエンターテインメントを世界からもち込んだ『ミッドウェー・プレザンス』と名づけら

『ミッドウェー・プレザンス』(1893シカゴ)。現代のテーマパークと遜色ない。

れた一大遊興歓楽街が出現します。

この『ミッドウェー・プレザンス』には、アフリカの太鼓やエジプトの奇術から40ヶ国の美女を集めた「世界美女大会」なるアトラクションまで、異国情緒あふれる見世物が揃っていました。

注目すべきは、『カイロ通り』型の歓楽街とはちがって、大人のナイトライフをターゲットにしたものというより、現在の「遊園地」に近いものだったこと。事実、『ミッドウェー・プレザンス』は、ニューヨーク郊外の『コニー・アイランド』に代表される都市型レクリエーション公園のプロトタイプになったと言われています。『ミッドウェー・プレザンス』の成功により、「プレイランド」型の遊園施設も万博にはなくてはならないものになりました。大阪万博の『エキスポランド』を覚えている人も少なくないでしょう。

見てきたように、真面目一本槍の頃から、大衆にとって万博はエキサイティングなエンターテインメント空間であり、時代が下がるにつれて娯楽色の度合いが大きくなっていきました。万博の提供する「未来」と「異国」それ自身が、最強・最上のエンターテインメントだったことに加えて、考え得る限りのアミューズメントが次々に付加されていったからです。展示コンテンツも、単体のモノからクルマの生産ラインにまで拡大し、ついにはウォルト・ディズニーの手によるアトラクションに至ります。

万博は、国際イベントの嚆矢というだけでなく、現代のエキジビションのプロトタイプであり、テーマパークの生みの親であり、都市型遊園地の源流です。これほどまでにエンターテインメントが重層化したイベントは、後にも先にも万博しかありません。登場からわずかのあいだに数千万人を集客するまでに成長したのもとうぜんです。

「未来というスペクタクル」や「異国という見世物」が圧倒的な非日常性をもち、さまざまなアミューズメントがまだ日常生活圏にはない珍しいものだった。それが万博の爆発的な強度と集客力を支える動力源でした。

〝神の視座〟からパリを眺める画期的な非日常体験を提供したエッフェル塔（1889パリ）。

いのちの塔

日本における ほとんど唯一の万博遺産。それが太陽の塔だ。外装については、《黄金の顔》をステンレスに交換するなど、1992年から1993年にかけて大規模な改修工事を受けたのだが、塔内は扉を固く閉ざしたまま放置されていた。

生命の樹は大きく傷み、内部空間は廃墟同然だった。樹上生物の多くは失われ、かろうじて残っているものも劣化や腐食が進んで無残な姿をさらしていた。

しかし2016年10月、ついに大規模なリニューアル工事が着工する。塔に耐震補強を施したうえで内部展示を修復し、恒久展示施設としてふたたび社会に送り出そうというプロジェクトだ。

現代の耐震基準に適合させる耐震補強工事では、腕から下の鉄筋コンクリート壁には20cm厚のコンクリートを増し打ちし、腕から上の鉄骨躯体には鉄骨部材を組み足した。エスカレーターを階段に置き換えることで自重の軽量化も図られている。

いっぽうの展示再生工事は生物群の制作からはじまった。生命の樹には33種の生物が設置されていたのだが、その多くは失われ、かろうじて残っていたものも損傷が激しく使えない。既存造形の修復で事足りたのは33種中わずかに6種類のみで、あとは新規に制作したものだ。

　着工から1年が過ぎた２０１７年10月、いよいよ塔内の展示工事がはじまった。ヒトやサルから順に生物群を生命の樹に取りつけ、足場をバラしながら下に降りてくる。２０１８年2月末には工事はほぼ完了し、種々の検証・調整作業を経て3月19日の一般公開を迎えた。

「生命の樹は太陽の塔の〝血流〟だ」。岡本太郎はスタッフにそう言っていたらしい。動脈、静脈、神経系、リンパの流れ――。そして「内壁の赤い襞《ひだ》は〝脳の襞〟なんだ」とも。生命の樹は太陽の塔の〝内臓〟であり、太郎は臓物を擁する〝生きもの〟として太陽の塔を構想していたのだ。

　1本の樹体に、単細胞生物から人類まで、生物進化の時間をたどる33種の生きものがびっしり実っている。観客はエスカレーターを上りながら、始原のときから連綿とつづく生命《いのち》の物語を体感する、という仕掛けだ。世界にも類例のない独創的なインスタレーションである。

地下から天空へとつらぬいて伸びる生命《いのち》の時間。根源からたちのぼり未来へと向かう生命力のダイナミズム。そして生命の尊厳。岡本太郎の生命観がそのまま形になっている。

「生きとし生けるものはすべて、いのちの流れ、いのちのエネルギーに支えられている。その姿を表現したものが生命の樹なんだ」。太郎はそう言っている。

大阪万博から半世紀のときを経て、内臓を取り戻した太陽の塔がついに長い眠りから眼を醒ました。あのとき太郎が日本社会に問いかけたもの。それは〝いのち〟だ。メッセージは古くなっていないどころか、これからの時代にこそ必要なものだ。

太陽の塔は単なる遺物でもなければ、記念碑でもない。現代社会に独自の世界観を問いかけ、いまを生きるぼくたちにメッセージを投げかけてくる。

太陽の塔はけっして〝他人事《ひとごと》〟ではない。ぼくたち自身の問題だ。太陽の塔がほんとうの仕事をするのはこれからなのである。

第2章

熱狂はなぜ冷めていったのか?

万博は最強のメディアとして19世紀世界に君臨した。
世紀を跨《また》ぐと環境変化に呼応する軌道修正を迫られるが
構造改革に成功してふたたび上昇気流に乗る。
だが大阪万博後に顕在化した熱量低下はその後もつづき
いまだ新たな万博像は提示されていない。
21世紀の万博はかろうじて慣性で進んでいるだけだ。

第1節　大阪万博以降に起きたこと

Q １９７０年の大阪万博が万博史上２度目の頂点だったという話がありましたが、ということは、その後は下り坂になったわけですよね？　なにがあったんですか？

19世紀半ばに生まれた万国博覧会は、見本市モデルをベースに右肩上がりの発展をつづけ、１９００年パリ万博で５０００万人を超える観客を集めて最初の頂点を迎えました。その後しばらく下降線を辿りますが、ふたつの大戦のあいだに自己変革が胎動。戦後、第２世代への移行を果たすとふたたび上昇気流に転じ、１９７０年大阪万博で２度目の頂点に至ります。

しかし成長はここまででした。万博の熱量が急速に失われていったのです。じっさい58年ブリュッセル、64年ニューヨーク、67年モントリオール、70年大阪と立てつづけに開催されていた数千万人規模の大型万博は、大阪以後パタリと途絶え、92年のセビリアまで22年間も開かれていません。

理由は複合的ですが、もっとも大きかったのは「国際情勢の変化」と「メディア性能の相対的減衰」だったとぼくは考えています。

もともと万博は近代化と覇権レースを競う列強が編み出したものであり、生まれたときから国家の威信をかけた戦いの舞台でした。為政者の頭にあったのは、「国際社会におけるプレゼンス」と「国威宣揚」だったはず。

戦後はこれにイデオロギーが加わります。東西陣営を率いる米ソが最大規模のパビリオンを建て、宇宙開発の成果やクオリティ・オブ・ライフの優位を訴えた大阪万博がその典型です。両国の存在感は別格でした。

しかし70年代に入ると緊張緩和が進み、80年代前半に新冷戦といわれる状況に至るものの、80年代末には冷戦終結へと歩みはじめます。こうしたなかで20世紀の万博を牽引してきた王者アメリカの熱が急激に冷めていきました。

80年代末には万博出展への連邦政府予算の執行を凍結し、２００１年5月にはついにＢＩＥを脱退します（２０１７年5月に再加盟）。ひとり勝ちがはっきりしたので、万博に大金を投じる意味がないと判断したのでしょう。対するソ連は１９９１年12月に崩壊しました。

アメリカの戦意喪失は他の西洋先進国にも伝播《でんぱ》し、多かれ少なかれその心情は共有されていた

1992年セビリア万博。大阪万博から22年ぶりに開かれた一般博だった。

と考えるのが自然でしょう。米ソが真剣に火花を散らし、先進各国のファイティングスピリットが高い水準をキープしていた最後の万博が大阪でした。

大型万博として大阪以来22年ぶりに開かれた1992年セビリア万博で、ぼくは日本館をお手伝いしたのですが、現場で眼のあたりにしたのは、前回の大阪で歴史に残るパビリオンを打ち立て、小学6年生だったぼくを感動の渦に巻き込んだ米ソの、眼を覆うほどの凋落でした。

企業スポンサーに頼るアメリカ館と、中身がスカスカのロシア館。往時の権勢は見る影もありません。そのとき去来した感慨を、ぼくはいまでもはっきり覚えています。

「いきなりツートップがいなくなってしまった。そんな時代に国家が大金を投じて自国の優位をアピールする意義はどこにあるんだろう？」

事実上の米ソ撤退を前にして、日本館をつくっている立場でありながら、万博の存在意義を考えさせられたわけです。おなじように、この時期、世界情勢の変化のなかで、多くの国がこの問題を自問自答したのではないかと想像します。

Q 熱量低下のもうひとつの原因である「メディア性能の相対的減衰」とはどういうことでしょう？

国際情勢の変化とともに、この頃から顕著になってきたマイナスインパクトがもうひとつありました。コミュニケーション環境の進化、エンターテインメントの進展、大衆の体験レベルの向上などにともなって、万博のメディア性能が相対的に減衰しはじめたことです。

19世紀に登場したとき、万博は世界の最新事情を伝えるほとんど唯一のメディアでした。マスメディアが未整備の時代にあって、新たな発明、先進技術、新製品から地球の裏側の暮らしぶりまで、大衆がはじめて出会ったのは万博会場であり、万博は文字どおり大衆と時代をつなぐただひとつの「窓」だったのです。

しかも売り物は〈未来〉と〈異国〉という最強のコンテンツです。万博は半年限りなので希少価値も十分。はじめから観客は高揚しているし、視線はポジティブ。特段の集客努力をしなくとも、1千万人単位の観客が強い動機づけのもとに自らの意思でやってくる。こんな好条件が揃った媒体《メディア》はほかにありません。万博がメディアの王者に君臨したのもとうぜんです。

ところが、時代が下るにつれて、万博はこの特権的なポジションをキープすることができなくなってしまいます。19世紀まではワクワクする情報とはじめて出会う場所だったのに、マスメディアの発達や商品とのコンタクトポイントが増加したことでどんどん川下に流される、先進的な商業施設や新世代ミュージアムなど質の高いメディア空間が街中に溢れる、経済力の向上にともなって大衆の体験レベルが跳ねあがる、といったさまざまな事態が複合的に襲ってきたからです。

たとえば日本では、大阪万博が開かれた1970年にジャンボジェットの就航で大量輸送時代の幕があき、その後の20年間で海外旅行者数は16・5倍に急増。バーチャルな存在だった「世界」がリアルな「旅行先」に変わり、もはや道ゆく外国人にサインをねだることはなくなります。

1983年に東京ディズニーランドが開業すると、人々は万博パビリオンをはるかに凌駕する高度な空間演出に眼を見張りました。このふたつを見ただけで、大阪万博からの20年で大衆の経験値が飛躍的に向上したことがわかります。

乱暴な言い方をすれば、万博が十年一日の歩みをつづけているうちに周囲の状況が大きく変わり、気がついたら追い越されていたわけです。

こうなると元には戻れません。自分のなかにある体験情報の質があがれば、自ずと万博への期待値もあがります。「驚くべきモノ」や「驚くべき体験」へのハードルが日増しにあがり、それと反比例するように、万博が提供していたコンテンツへの驚きはドロップしていきました。

かつて万博だけがもっていた圧倒的な「非日常」の輝きが、次第に失われていったのです。

Q　質の高いライバル施設が増え、わたしたちの経験値が跳ねあがったのはそのとおりだと思いますが、万博サイドもさらなる魅力創出に向けて技術開発をつづけていたわけでしょう？

A　たしかにいろいろな取り組みをしてきたし、新しい表現の開発が行われていないわけではないのですが、残念ながら、急速に進む環境変化に追いつくことができていないのが実情です。はっきり言えば、展示思想・展示技術ともに１９８５年つくば万博のころとほとんど変わっておらず、万博ディスプレイの進化は30年前に止まったまま。じっさい直近の大型万博である２０１５年ミラノ万博でも革新的な展示は見られず、演出手法も技術レベルもつくば万博と同質・同水準でした。この半世紀のあいだ、かつてディズニーが登場したときのようなイノベーションは起きていません。

第１章で触れたように、19世紀の万博＝【万博１・０】から20世紀の万博＝【万博２・０】への変革が胎動したのは１９３０年代のこと。１９３９年ニューヨーク万博の『ＧＭ館』「フュートゥラマ」が象徴するような空間演出の思想と技術が確立し、「メッセージの体験化」が可能になったことがきっかけでした。

こうした「『物語』を空間体験で表現する技術」がさらなる飛躍を遂げたのが１９６４年ニューヨーク「世界博」です。ディズニー社の「オーディオ・アニマトロニクス」をはじめ、マルチ映像、全周映像、ライド、ライブパフォーマンスなど、新しい演出技術が万博パビリオンの光景を一変させます。

15面のマルチスクリーン、３６０度の全周スクリーン、映像と人間／映像とライドのコラボレ

『GM館フュートゥラマ』(1939ニューヨーク)。円周状の座席が巨大模型上を旋回する。

ーション、観覧席のリフトアップ…。市中には1面スクリーンの映画館しかなかった時代に、考え得るありとあらゆる映像表現に挑戦していました。万博は表現技術の実験場であり、技術革新のゆりかごだったのです。

いまにつづく【万博2・0】の演出技術の礎を築いたのが、この1964年ニューヨーク世界博です。この万博で、パビリオンのスタイルは従前の「博物館型」から「テーマパーク型」へと変わりました。1970年の大阪万博はもとより、「映像博」といわれた1985年つくば万博、さらには今世紀の2005年愛知万博なども、原型を辿っていけばこの万博に行き着きます。

言い換えれば、万博パビリオンの演出を支

える思想と技術の根幹は半世紀前のままであり、本質は変わっていない、ということです。

いっぽう、いままでは水族館が生きた魚と映像をシンクロさせたり、観客に反応する体験型の映像空間が開発されたりと、インパクトのある体験空間が日常のなかにどんどんバラまかれています。生活圏内の諸施設が、大型映像や空間エンターテインメントなどのパビリオン型演出を積極的に導入し、ノウハウを蓄積しているのです。

新スタイルのミュージアム、パビリオン型のテーマパーク、新世代のショールーム、大型ショッピングモールなど、高品位のメディア空間が大衆社会に浸透し、万博のお家芸だった「空間演出」が日常に浸透するいっぽうで、万博の表現技術は足踏みをつづけている。

いま起きているこの事態は、パビリオン展示から「非日常」が急速に失われつつあることを意味しています。万博の価値を支えてきた「観覧体験の非日常性」の減衰は、存立基盤にかかわる深刻な問題ですが、それがいま不可逆的に進行しているのです。

大阪万博までは万博にアドバンテージがありました。しかしその後、万博の優位は眼に見えて後退し、現在にいたっては〝かつてない体験〟の創造は絶望的なほどむずかしくなっています。

Q ファイティングスピリットを支えていた国際情勢が変わり、街中に競合施設が出現するもイノベーションが進まず、メディアとしての特権的ポジションを失っていった。そうだとすれば、参加への合理性が問われることになりますね。

まったくそのとおりです。こういった厳しい状況に直面したとき、だれもが真っ先に思い浮かべるのは「費用対効果」でしょう。

もちろん万博は国際社会が共同で運営する国家間プロジェクトですから、損得だけでものごとが動くわけではありません。〝おつきあい〟も大きなファクターですし、国と国の貸し借りもあります。

とはいえ参画する者にとって最大のモチベーションはやはり広報効果。入場者数という「量」はもちろん重要ですが、より大切なのは「質」であり、とうぜんながら「開催国の大衆社会にどれほどの爪痕を残せるか」が気になります。できれば投下資金に見合う波及効果が期待できるイベントであって欲しい。あとになにも残らない空騒ぎでは困ります。

もうひとつは開催国のマーケット価値です。近頃は〝おつきあい〟でお茶を濁していた先進国が2010年上海万博に比較的大きな予算を投入したのは、あきらかに中国という巨大市場を意識したから。初の万博に沸く中国社会に「顔見せ」する意味と効果を計算してのことでした。

いずれにしろ、1970年大阪万博のあとに先進国の情熱が減衰した背景に「費用対効果への疑い」があったことはまちがいありません。22年経ってようやく大型万博（92年セビリア万博）が開かれたわけですが、この万博に参加したある政府代表は報告書にこう書きました。

「悲しいことだが、セビリアのような大規模な万国博覧会はもはや絶滅種であると結論せざるを得ない。わずか半年のあいだにパビリオンをステータスシンボルにするためだけに莫大なお金を喜んで出費しようとする国は、この先しばらく出てこないだろう」。

6421万人という万博記録の樹立に沸いた大阪万博からわずか20年で、報告書に「絶滅種」と書かれる事態に至ってしまったのです。

Q　大衆の視線や意識にも変化があったんですか？

万博を取り巻く社会状況の変化を察知し、費用対効果に疑いをもったのは万博関係者だけではありませんでした。それまで万博が提供する快楽を無邪気に楽しんでいた市民の側にも意識変化の兆しが見られるようになったのです。

たとえば、92年セビリア万博との同時開催が正式決定していた「1992年シカゴ万博」が開催を断念します。財政問題などを発端に、地元に反対の機運が高まったからでした。さらにセビリアから3年後の1995年に2都市同時開催が決まっていたウィーンとブダペストも開催権の返上を余儀なくされます。財政リスク、環境破壊、インフレ懸念などが社会問題になり、ウィーンが住民投票の実施に追い込まれたのです。結果は賛成35・1％、反対64・8％と惨敗。相方のブダペストも後を追うほかありませんでした。

セビリアの次の大型万博となった2000年ハノーバー万博も、住民投票をくぐり抜けています。市議会が無視できないほど市民の反対の声が大きくなり、BIEによる開催承認から2年後の1992年に住民投票が行われたのです。

6割を超える高い投票率のなか、賛成51・5％、反対48・5％という、まさにギリギリ、薄氷の勝利でした。むろんこうなるとイケイケというわけにはいかず、計画も大幅な修正を迫られます。その後も、2004年のセーヌ・サンドニ万博（パリ郊外）が開催権を返上しています。

ご存知なかった方は驚かれるかもしれませんが、万博が正式決定後に開催中止になるのはよくある話で、けっして珍しいことではありません。近年でいえば、92年シカゴ万博とともにもっともインパクトがあったキャンセルは1989年パリ万博でしょう。

エッフェル塔の1889年パリ万博で革命100年をたたえたフランスが、1989年に計画していた革命200年記念万博です。BIEの開催承認を獲得し、実務の準備が進んでいたにもかかわらず中止したのです。理由は「新都心の開発」への方向転換でした。

仮設の万博で「未来都市」をプレゼンする代わりに、未来志向のリアルな新都市をつくる道を選んだわけです。こうしてグランダルシェ（新凱旋門）をシンボルにした新都心ができました。グランダルシェはいわば100年後のエッフェル塔です。

このように、大阪万博以降、万博の熱量が大きくドロップしていった背景には、複数のマイナスインパクトが同時多発的に襲い、万博を取り巻く環境が急激に悪化していったことがありました。あとでお話ししますが、この状況が万博のありように大きな影響を及ぼすことになります。

第2節 「万国博覧会」というメカニズム

Q―ところで、ことあるごとにBIEという国際機関の名前が出てきますが、そもそもどういう背景からつくられたものなんですか？

冒頭でお話ししたとおり、第1次世界大戦の終結から10年後の1928年に「国際博覧会に関するパリ条約」という多国間条約が締結され、その実務を担う政府間機関として創設されたのがBIE（博覧会国際事務局）です。フランスが条約制定の音頭をとったこともあって、本部はパリに置かれています。

言い換えれば、この条約ができるまで万博を管理する制度は存在していなかったということです。「万国博覧会」という名称に定義はなかったし、極論すれば、「オレ、万博やりたい」と宣言し、実行に移すだけの資金と機動力、為政者との太いパイプさえあれば、理論的にはだれでも万博を主催できました。

じじつ第1回のロンドン万博を主催したのは「王立委員会」という団体であり、その母体はながく美術展を主催してきた「美術協会」という民間団体です。総裁にヴィクトリア女王の夫・アルバート公を頂き、「王立」の名を冠するなど、国家によるバックアップを明示していたとはいえ、実務そのものは政府が遂行したわけではありませんし、国家予算は1ペニーも使っていません。

このように、19世紀の万博の多くは、国家の後ろ盾のもとに民間が主催・運営していました。他国に対する出展勧奨や出展参加に関するルールはなく、現場の運営もまちまち。なかには万博を興行としか考えず、出展参加者に法外な出展料を要求する主催者も出てきます。それでも相手国が推進する博覧会である以上無視するわけにもいかず、おつきあいせざるを得ません。

参加各国にとってとりわけ問題だったのは、開催数が尋常ではなかったこと。19世紀にあっては、1851年の第1回ロンドンから1900年までの半世紀に、主な博覧会だけでも156回。20世紀に入ってからも、1901年から第1次大戦が勃発した1914年までの12年間で36回。規模の大小もあれば玉石混交でもありましたが、とにかく雨後の筍のような状況がつづいていました。万博にはそれほどの旨みがあったということです。

その都度参加を求められる〝先進国クラブ〟にとってこの状況は、おたがいさまではあるものの、さすがに疲れます。こうして国際社会が共同で開催頻度を管理しようとの機運が醸成され、条約の創設に至ったわけです。

Q　条約にはどんなことが書かれているんですか？

国際博覧会条約では、万博の定義・理念・分類、開催申請の方法、開催地の決め方、開催頻度、主催国の義務、ＢＩＥの運営方法など、万博という国際イベントを遂行するための基本スキームが定められています。

第１条「定義」の第１項を見てみましょう。

「博覧会とは、名称のいかんを問わず、公衆の教育を主たる目的とする催しであって、文明の必要とするものに応ずるために人類が利用することのできる手段又は人類の活動の一若しくは二以上の部門において達成された進歩若しくはそれらの部門における将来の展望を示すものをいう」（傍点筆者）。

誕生から終始一貫、一般大衆をターゲットにしてきた万博が、ミッションは「公衆の教育」であるとついに宣言したわけです。加えてプレゼンすべきコンテンツが「進歩」と「展望」、すなわち「進歩がつくる未来像」であることも明言しています。まさに実体どおりです。

また、万博をふたつのカテゴリーに分類し、それぞれの定義と開催頻度などを規定しました。大阪万博のころは「一般博覧会」と「特別博覧会」の2種類で、前者は複数の部門に跨がる複合的なテーマをもつ総合的な万博、後者はテーマをひとつの部門に絞った専門的な万博という位置づけでした。大阪万博はもちろん前者、85年つくば万博や90年大阪花博は後者です。

大きなちがいのひとつは「パビリオン建設の主体」で、規模の大きい一般博では参加国が自らパビリオンを建設する義務を負うのに対して、規模の小さい特別博では主催国が外国展示館をつくって参加国に貸与します。一般博と特別博の景観が大きく異なるのはこれが理由です。

ところが1988年に条約が改正され（1996年に発効）、カテゴリーの分類・定義が大幅に変わりました。改正の主軸は、2000年以降は上位カテゴリーを5年に1回に制限し、その間に1回だけ下位カテゴリーを認めるという開催頻度の制限強化だったのですが、あわせて分類も見直されます。従来の「一般博」「特別博」という区分に代わって、「登録博覧会」「認定博覧会」というカテゴリーが新設され、テーマやパビリオン建設義務など従来の条件は撤廃されました。

条約改正の動機はふたつありました。開催頻度のさらなる抑制と、開催経費の削減です。もともとBIEは開催頻度をコントロールする目的でつくられた組織ですが、政府間機関という立場から強権的な調整には不向きなことがはっきりしたため、オリンピックのように「周期開催」を制度化したわけです。上位の登録博は泣いても笑っても5年に1回だけ。

参加経費の節減策も盛り込まれました。すべてのカテゴリーからパビリオンの建設義務を外したことで、登録博であっても、主催国が貸与する「特別博形式」を選択することができるようになりました。いっぽう下位の認定博は、会場面積25ヘクタール以下、会期3ヶ月以内、出展面積1000㎡以下、といった種々の制限を設けて安上がりで済むよう配慮されています。

Q　条約が改正されたのは、万博を取り巻く環境が厳しさを増していったからなのですね？

そのとおりです。条約が改正された1988年といえば、万博に逆風が吹きはじめたころ。80年代末から90年代にかけては、「万博は無駄かつ不要」という市民意識が台頭し、開催の是非を問う住民投票や開催権の返上が相次いだ悪夢のような時代でした。

80年代末にはアメリカが連邦政府予算の執行を凍結し、1989年にはソ連解体の序曲ともいえるベルリンの壁が崩壊。1989年パリ、92年シカゴ、95年ウィーン&ブダペストなど、決まっていた万博が次々に吹っ飛び、92年セビリア万博の政府代表が報告書に「もはや絶滅種」と書き、つづく2000年ハノーバーも首の皮一枚でつながったことは見てきたとおりです。

万博を取り巻く環境が日増しに厳しさを増していくなかで、条約を改正して開催形式を変え、スリム化することで生き残りを図ったわけです。要するに「できるだけ安あがりにやろうぜ！」と決めたわけですが、その判断は合理的だったとはいえ、一方ではいちばん根っこのところで根本的な矛盾を孕むものだったとぼくは考えています。

街中のエンターテインメントのクオリティが飛躍的に向上し、万博パビリオンの相対的優位がどんどん下がっている状況で予算を削ればどうなるか。忘れてならないのは、〝敵〟は恒久施設で、こちらは臨時の仮設だということ。ディズニーランドにいたってはひとつのアトラクションに百億円単位で投資しているという事実です。

繰り返しお話ししているように、万博の魅力を支えてきたのは「驚くべき体験」であり「観覧体験の非日常性」です。金をかけずにそれを手に入れようというのは、やはり無理筋というもの。21世紀に入って万博の弱体化が決定的になった背景には、この「できるだけ安あがりにやろう

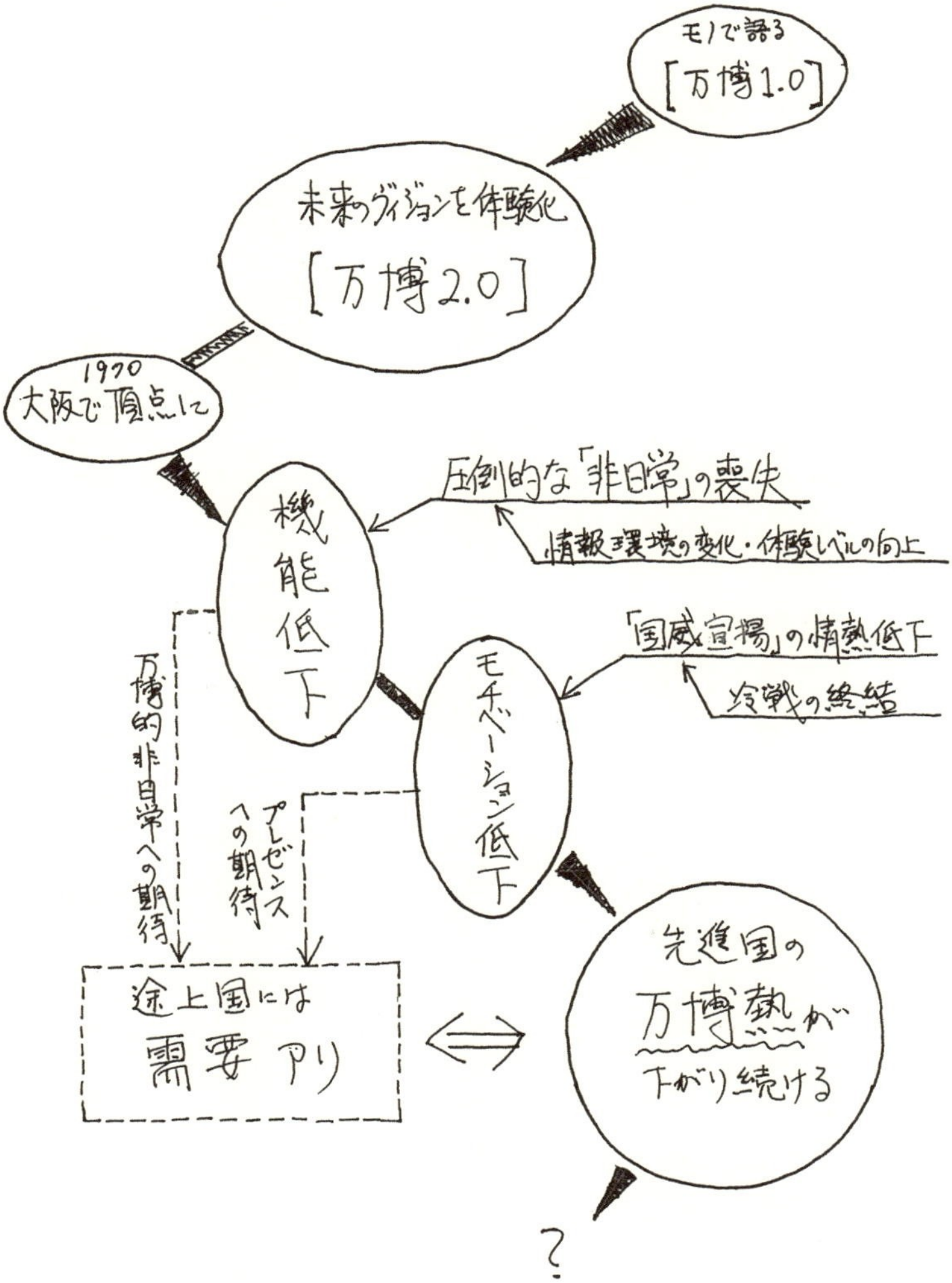
モノで語る
[万博1.0]
未来のヴィジョンを体験化
[万博2.0]
1970
大阪で頂点に
機能低下
圧倒的な「非日常」の喪失
情報環境の変化・体験レベルの向上
「国威宣揚」の情熱低下
冷戦の終結
モチベーション低下
万博的非日常への期待
プレゼンスへの期待
途上国には
需要アリ
先進国の
万博熱が
下がり続ける
?

ぜ！」というマインドが影響していることはまちがいないと思います。
もっとも、あの状況下でほかにとり得る道があったのかと問われたら、ぼくにも答えはありません。おそらくスリム化以外に打つ手はなかったでしょう。しかし、このとき目指した「合理的な万博」が形になった２０００年ハノーバー万博は、けっきょくうまくいかなかったのですが、これについては後でお話しします。

Q 万博に対する世論の視線が厳しさを増すなかで、ＢＩＥが手をつけたのは開催頻度や開催経費といった物理的なファクターだけだったんですか？

この時期に理念の面でも新たな方針を打ち出しています。１９９4年6月の総会において、万博は「現代社会の要請に応えられる今日的なテーマでなければならない」としたうえで、「自然と環境の尊重」「自然環境保護」の視点を反映する、との決議を採択したのです。
当時は、エコロジー、サスティナビリティ、ゼロエミッションといった新しい概念が普及しはじめ、大衆の環境意識に火がついたころで、環境問題はもっともホットな話題でした。ＢＩＥはったわけです。

「万博は役割を終えた」との見方に対抗するために、いわば〝社会のお役に立つ万博〟宣言を行

「万博は無駄」との空気に敏感に反応したわけですが、この方針がやがて万博を「課題解決の場」と位置づける現在の流れをつくりました。「万博はたんなる産業技術のショールームではなく、地球規模の課題を解決する場である」とする考えで、〝社会のお役に立つ万博〟の立ち位置を理論的に説明する概念です。

じつは、いま多くの関係者が半ば常識と考えているこのロジックに、ぼくは大きな違和感を覚えています。本心を言えば、「いまにして思えば、この路線に走ったのがまずかった。万博を袋小路に追い込んだ最大の戦犯はこれかもしれない」とさえ考えています。この点についても後ほど詳しくお話しすることになるでしょう。

Q ― 先のBIE決議に「現代社会の要請に応えられる今日的なテーマ」とありますが、これまでのテーマは今日的ではなかったのですか？　そもそもテーマとは何なのでしょう？

万博にテーマはつきものであり、あってあたりまえ。みなさんそう思われていますが、じつは万博にはじめてテーマが登場したのは1933年のことで、まだ90年弱の歴史しかありません。それまでの80年間はテーマなしでやっていました。

理由は単純で、必要がなかったから。「半歩先の未来」を実感させるモノを並べるだけで最強のメディア／極上のエンターテインメントたり得たことは繰り返しお話ししてきたとおりです。『モノで語る博覧会』＝【万博1・0】ではモノがすべてであって、考えるべきことは「いかにインパクトのあるモノを用意するか」だけでした。

しかし、やがて〝見ればわかる〟時代が終わり、出展サイドのモチベーションがシンプルな「製品露出」から「ブランディング」へとシフトするようなって、万博そのものにも「この万博を開催しようと考えるに至った動機はどこにあるのか」を説明する概念が必要なのではないか、という気分が台頭します。

じじつ先に紹介した国際博覧会条約も、「部門」という概念で万博が「示すもの」を性格づけしようとしています。こうした定義が採択された裏には、「なにについて語るのか」を考えないような万博には先がない、という問題意識が透けて見えます。

条約締結から5年後の1933年、万博にはじめて公式テーマが登場します。記念すべきテーマ第1号は1933年シカゴ万博の『進歩の1世紀』。これまでの100年を振り返り、これからの100年を展望しようとの提言です。

テーマとは「この問題についてみんなで考えようぜ！」と主催者が呼びかけるもの。「その万博はなにを問うために開かれるのか」をワンセンテンスで表現したものです。機能的には「参加者の問題意識を引き出す共通の鍵」であり、「万博をひとつの概念で束ねる」役割を果たします。

1933年シカゴ万博＝「進歩の1世紀博覧会」。万博にはじめてテーマを導入した。

もっともこのシカゴ万博ではお題目の域を出るものではありませんでした。テーマ制を導入した関係者も、おそらくは「試しに新しい売り文句をとり入れてみよう」くらいの軽い気持ちだったでしょう。

しかしこのとき蒔かれた種が大きく育ち、第2次大戦後には万博のスキームを構造レベルで支えるほどの存在になりました。いまではだれもが「万博とは国境を越えてテーマを語りあうイベント」と考えています。

シカゴ以来今日まで、数十のテーマが登場しました。出来の良し悪しはあるものの、いずれも「現代社会の要請に応えられる今日的なテーマ」であり、真面目に考えられたものです。ＢＩＥがなぜあのような決議をしたのか、しなければならなかったのか、はっきり言ってよくわかりません。

ぼくが素晴らしいと思うテーマは、たとえば１９５８年ブリュッセル万博の『科学文明とヒューマニズム』、１９８８年ブリスベン万博の『技術時代のレジャー』など。いずれも出展参加者に独自の解釈と論理構成を強いるという意味で、じつに触発的です。

じっさいぼくはブリスベンの仕事をはじめたとき、「技術とレジャー？　なんの関係があるんだよ！」と戸惑ったことをよく覚えています。そうやって追い込まれるからこそ、創造的な解釈やコンセプトにつながっていくのです。すぐれたテーマは出展者の創造意欲を刺激します。

逆に、２０１０年上海万博の『より良い都市、より良い生活』のように、なんの触発性もない、役所のスローガンのようなテーマではモチベーションがあがりません。

Q なぜ「万国博覧会条約」とは言わずに「国際博覧会条約」なんですか? そもそも万国博覧会と国際博覧会ではなにがちがうのでしょう?

2025年に大阪開催が予定されている万博の正式名称は「2025年日本国際博覧会」であり、愛称は「大阪・関西万博」です。これはいったいどういうことなのか? 万国博と国際博ではなにがちがうのか?

じつはなにもちがいません。外務省が条約を「国際博覧会」と訳しており、正式文書にはすべて国際博が使われているので、本来はこちらに統一すべきなのですが、日本人は圧倒的に「万博」に親近感をもっているから捨てられない、というだけ。やはり1970年の大阪が万国博覧会を名乗ったことが決定的だったのでしょう。

ちなみに日本では万博を「エキスポ(=Exposition)」と呼びますが、「万博」も「EXPO」もフランス語由来です。フランス語では万博を「Exposition Universelle」と言い、BIEの正式名称も「The Bureau International des Expositions」と表記します。

対して英語圏でよく使われるのは「World Exhibition」や「World's Fair」。たとえば、第1回ロンドン万博は「The Great Exhibition of 1851」、テーマが登場したシカゴ万博は「Chicago

1933-34 World's Fair」であり、ＢＩＥは「The International Bureau of Exhibition」と表記します。

どちらかといえば「万国博覧会」はフランス語の「Exposition Universelle」に、「国際博覧会」が英語の「World Exhibition」にニュアンスが近いと言えそうですが、いずれにしろ意味のちがいはなく、使い手が好みで使いわけているだけです。

蛇足ながら、１９６４年のニューヨークを「万博」ではなく「世界博」と表記したのは、この博覧会がＢＩＥの承認する国際博ではないから。規模・影響力ともに大きい歴史的な博覧会でしたが、形式的には「国内博覧会」だったからです。

第３節　世紀の分かれ目で

Q―
条約改正や決議の採択、住民投票や開催権の返上など、逆風のなかを進んだ万博は、その後どうなったんですか？

既存の見本市施設を活用した2000年ハノーバー万博。"効率的な万博"を目指した。

荒波にもまれながら90年代を乗りきった万博がようやくたどり着いたミレニアム・イベント。それが東西ドイツ統一10周年を記念する2000年ハノーバー万博でした。薄氷を履む僅差で住民投票をくぐり抜けた、あの万博です。

ハノーバーは「ハノーバーメッセ」で有名な国際見本市の街。眼玉施策として、展示面積50万㎡におよぶ世界最大の見本市施設を居抜きでパビリオンとして使う、という合理化プランを打ち出します。いうまでもなく、参加国の出展コストの削減や既存インフラの活用などにより「無駄づかい」批判に抗うためです。

会場面積163ヘクタールのうち、既存の

見本市施設が88ヘクタールで、新規造成地が75ヘクタール。英仏日本など一部の先進国が造成エリアに自前のパビリオンを建てる一方で、途上国はこぞって「ＨＡＬＬ」と呼ばれる既存見本市施設への入居を選びました。

たしかに〝効率的な万博づくり〟の実践ではありました。ただ、それと引き換えに大事な要素が欠けてしまいます。華やかな祝祭の雰囲気が従来の万博に遠くおよばず、万博の魅力を支えてきた〝非日常指数〟が極端に低かったのです。

合理的・機能的につくられた見本市会場の景観は、祭りの賑わいとは真逆。遊びやユーモアも感じられず、歩いていてもワクワクした気分になりません。真面目なドイツ人の気質が影響していたにせよ、やはりB to Bの見本市のメカニズムをそのまま万博に援用した影響が大きかったように思います。

同様に、パビリオン展示も〝非日常指数〟に欠けるものでした。特徴的だったのは、空間を映像で埋め尽くす手法が氾濫していたこと。先進国のほとんどがこのスタイルで、とにかく壁という壁にバシャバシャ映像を映していました。

ちょうどこの頃、液晶プロジェクターのイノベーションが起こり、急激に小さく、明るく、安くなったのがその理由です。ぼく自身、ディスプレイ空間のつくり手として「これはありがたい！」と大喜びしましたから、「安くて手軽」と飛びついた当時のプランナーたちの気分は痛いほどわかります。

しかし、低予算で内容たっぷりの展示になったと満足する制作サイドを尻目に、観客の反応はクールでした。見るからにうんざりしているのです。入るパビリオンでことごとくプロジェクター映像を見せられるわけですから当然です。

逆に、観客が笑顔を浮かべていたのは、地べたに座り込んで木彫りの人形を売るアフリカのおばさんとの会話や、カレーを食べながら見るアジアの民族舞踊。「売店まがい」「シアターレストランまがい」と馬鹿にされてきた貧しい国々のパビリオンでした。

Q　BIEの採択どおり、「自然と環境の尊重」を重視する内容だったんですか？

ハノーバーはBIEのポリシーを真面目にとり入れました。テーマは『人間・自然・技術』。率直にいって魅力的なコピーではないけれど、従前の万博は人と技術の関係しか考えてこなかったことを踏まえたうえで、両者の間に「自然」を布置することで「万博の新たな世界観」を表出しようと真面目に考えた結果です。

20世紀の「産業博」から、21世紀の「環境博」へ。

楽天的な未来讃歌は卒業して地に足のついた議論をしよう。無邪気な技術礼賛から距離を置き、「地球規模の課題」を真摯に論じよう。そんな思いが底流にあったことは疑いありません。

じっさいテーマ館のなかには、およそ万博展示には似つかわしくないものもありました。たとえば『Basic Needs館』の導入展示は、棚という棚に大量の廃棄物が押し込まれたスーパーマーケットの廃墟。パソコン、家電製品、衣類、食品…、販売棚に山積みされたゴミの山が、肥大化した人間の欲望を象徴しています。

この〝廃棄物マーケット〟のなかを進んでいくと、待っているのは暗黒のなかにうずくまるストリートチルドレンです。ゴミのごとく打ち捨てられたこどもたち。言いたいことはわかるし、真摯に向きあうべき人類共通の課題であることもたしかだけれど、ぼくには違和感が残りました。なぜ万博を見にきて「説教」されねばならないのか、というシンプルな感情です。

もちろんぼくだってゴミを出すし、地球環境に負荷をかけています。もしかしたら回り回ってストリートチルドレンの発生に間接的にかかわっている可能性だって否定できません。人類にと

〝廃棄物マーケット〟の先で待つストリートチルドレン（同右）。

〝加害者〟である観客に反省を促す『Basic Needs館』（2000ハノーバー）。

って環境問題が最重要課題であり、もはや部外者ではいられないことくらい、ぼくだってわかっています。

『Basic Needs館』の展示は、加害者である観客に反省を促すものであり、「これからは態度を改めるように」と説教するものでした。なにもまちがっていません。正論です。

でも、果たしてそれは万博の仕事なのか？　そういう話は別の場所でやってくれないか？　正直、ぼくはそう思いました。

万博に来ているのは、遊園地に行こうかキャンプに行こうかと迷った末に万博を選んだ人たちです。家族4人で1日3万～4万円の出費を覚悟したのは、非日常の楽しい思い出をつくるため。

もとより環境問題は「病気をどのように治していくか」という治療法の話、すなわち「マイナスをゼロにする」話であって、人をワクワクさせる話題ではありません。しかも真剣に議論すればするほど、「そう簡単には解決できない」と言わざるを得ない問題です。「地球規模の課題」を論ずるのはいいけれど、ワクワクするものでなければ観客の満足は得られない。大衆が万博に求めているのは非日常の上質なエンターテインメントなのだ。〝社会のお役に立つ万博〟を考えるあまり、この単純な原則に霞がかかってしまったのではないか？　現場を歩きながら、ぼくはそんなことを考えていました。

Q　環境問題は「マイナスをゼロにする話」であって、人をワクワクさせる話題ではないとすると、〝21世紀の「環境博」〟は構造的な問題を内包していると言わざるを得ないのではないですか？

そう言って差し支えないと思います。環境問題をあつかうことのむずかしさは、「説教」に陥りやすいというだけではありません。展示シナリオを「ロジック」と「ファクト」を基軸に構成せざるを得ないこともまた、別の問題を生じさせます。

考えてみれば、万博が大衆をワクワクさせることができたのは、ある種のファンタジーに誘《いざな》っ

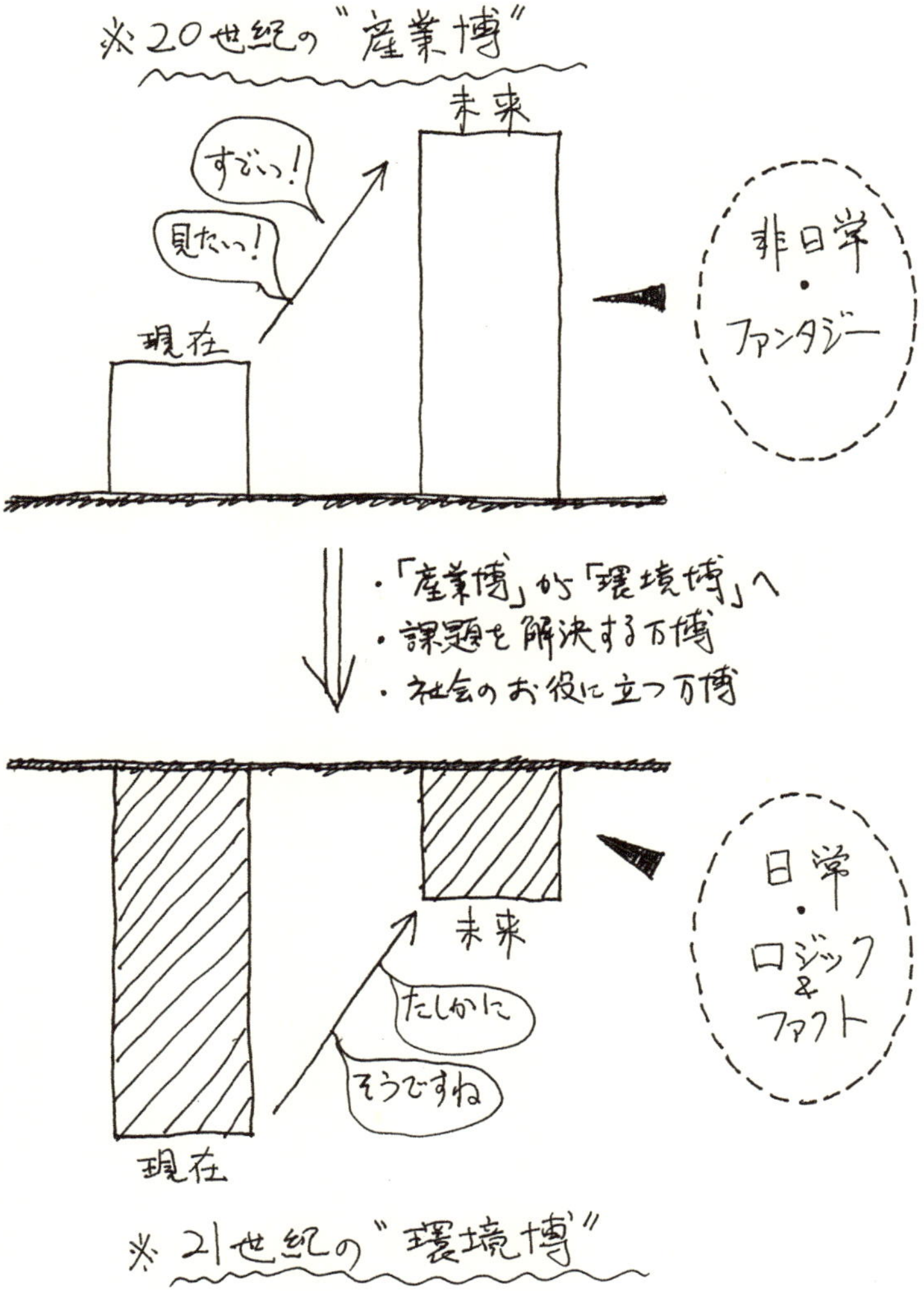
※20世紀の"産業博"
未来
すごいっ！
見たいっ！
現在
非日常
・
ファンタジー
・「産業博」から「環境博」へ
・課題を解決する万博
・社会のお役に立つ万博
日常
・
ロジック
&
ファクト
未来
たしかに
そうですね
現在
※21世紀の"環境博"

てきたからです。「技術がひらく豊かな未来」「異国とのふれあい」という非日常のファンタジーが万博の魅力の源泉であり、個性と強度の原点です。

「世界はもっともっと良くなる。人間の可能性は無限だ。いつかきっと自由に空を飛べるようになる。未来って素晴らしい。人間ってすごい…」。大阪万博でぼくがそう感動したのも、「無限の可能性」「輝かしい未来」というファンタジーに浸ることができたからでした。

しかし環境問題はファンタジーとは無縁です。地球温暖化は自然が人間に送っているメッセージだとか、いつかわたしたちの祈りが届いて災害のない世界が来るだろうといった「物語」にはなんの力もありません。環境を論じるときに有効なのはロジックとファクトだけです。

じっさいハノーバーのプレゼンテーションの多くは、一言でいえば「説明」でした。現状にはどんな問題があり、それを変えるにはなにをしなければならないのか…。論理と絵解きが中核に据えられ、「左脳でロジカルに理解すること」を前提に展示が組み立てられていたのです。

万博の目的は「公衆の教育」だと条約に書いてあるのだからいいじゃないか、とする立場もあるでしょうが、問題はこのアプローチが万博というメディアで有効か、というポイントです。

先ほどの「説教はエンターテインメントにならない」という話を繰り返したいわけではありません。万博というメディア空間の使い方として「ロジカルな説明」が合理的なのか、さらに言えば、ネット社会においてこのアプローチに勝ち目があるか、という問題です。

本来、展示というメディアが得意とするのは皮膚感覚によるコミュニケーションであり、理屈ではなく直感に訴える「体感」です。大切なのはシズルであって、教科書のように「頭で理解する」メディアではなく「五感で感知する」もの。向いているのは「知識の伝達」ではなく「体験の提供」であり、インパクトのある体験が人を「感動」させるのです。

人をひきつける体験空間にあるのは「感動」です。ライブイベントであれ、展覧会であれ、お化け屋敷であれ、みなおなじ。ロジックとファクトで「納得」させているわけではない。空間メディアが目指すべきは感動であって、ロジック＆ファクトとは逆のアプローチこそが力を発揮するメディアなのです。なにより現代はネット社会です。無限の情報アーカイヴと常時接続しているインターネットに、ロジック＆ファクトで戦って勝てるわけがありません。

ハノーバーの展示の多くは観客をロジックで説き伏せることに血道をあげていました。まるで自らの本質と強みの源泉が「空間体験」にあることを忘れているかのように。

Q 種々の負荷を背負いながら開かれたハノーバー万博は、どんな結果になったんですか？

残念ながら惨憺《さんたん》たるものでした。開幕直後から入りが悪く、4000万人だった入場者見込みを会期半ばでじつに65％減の1400万人に下方修正。けっきょく目標の半分以下の1810万人、1200億円の赤字に終わります。

21世紀型「環境博」のプロトタイプになるはずだった優等生の惨敗は「博覧会の墓場」と評され、万博界に激震が走りました。〝社会のお役に立つ万博〟路線が不発に終わり、動揺が広がるなかで、閉幕半年後にはアメリカがＢＩＥを脱退します。

当時、失速の原因として巷間言われていたのは、宣伝不足、ホスピタリティに欠ける運営、入場料が高過ぎた、といった万博批判の定番メニューでした。しかし関係者の一部からは「環境をテーマにしたこと自体がまちがいだったのではないか」という声があがります。

じつは当初から企業協賛がなかなか集まらなかったのですが、自社の活動とは逆のメッセージが発せられるのではないか、場合によっては悪者にされるかもしれない、と企業が心配したことがその理由だったようなのです。

「環境博」を裏書きする眼玉施策として環境NGOの参加を打ち出したときも、わずかな例外を除いて出展を獲得することはできませんでした。彼らは「万博自体が環境を破壊する行為。しかも万博は環境破壊を生んだ経済活動の旗振り役だったではないか」と反応したのです。

先進国パビリオンがよく言えば真面目、はっきり言っておもしろみに欠けていたのも、ある種の加害者意識が作用していたからでしょう。テーマがテーマなだけに、下手に娯楽要素をとり入れたら反感を買うかもしれない。そう萎縮していたことは否めません。

ハノーバーのあと、大規模な登録博は2005年愛知、10年上海、15年ミラノと3回開かれました。7308万人というケタ外れの入場者を集めた上海を別とすれば、愛知もミラノも2000万人級で、ハノーバーとおなじくかつての特別博クラスに終わっています。

Q 19世紀の誕生以来、万博はずいぶんと浮き沈みを経験してきたんですね？

P111の図を見てください。主な万博の入場者数の推移をグラフにしたものです。

１８５１年にロンドンで産声をあげた万国博覧会は、大衆の欲望を掻き立てながら巨大化し、史上最強のメディアとして19世紀世界に君臨しました。それが【万博１・０】です。陳列と実演を駆動原理とする『モノで語る博覧会』＝【万博１・０】は右肩上がりの成長をつづけ、「万博のなかの万博」と賞賛された１９００年パリ万博で最高潮に達します。入場者数はついに５０００万人を超え、ロンドンからの半世紀で集客数は８・４倍になりました。

直後にエネルギーがドロップし、しばらく２０００万〜３０００万人あたりにとどまりますが、ふたつの世界大戦のあいだに取り組んだ体質改善が功を奏し、新しいスタイルへの転換に成功します。それが『思いを伝える博覧会』＝【万博２・０】です。

主戦場がヨーロッパからアメリカに移り、近代的なマーケティング思想と展示技術の革新があいまって、空間体験をとおしてヴィジョン＝物語を語るメディアへと変貌したのです。

戦後初の58年ブリュッセルで４０００万人台を回復。その後ふたたび上昇気流に乗って70年の大阪で６０００万人を超え、２度目のピークを迎えました。つづく92年セビリアで４０００万人台を記録した後は、２０１０年の上海を除いてまたもや２０００万人台にとどまっています。

【万博２・０】が胎動したのは１９３０年代ですから、それ以前の【万博１・０】はロンドンから約80年つづき、その中間点でピークを迎えたことになります。いっぽう30年代の萌芽から80年

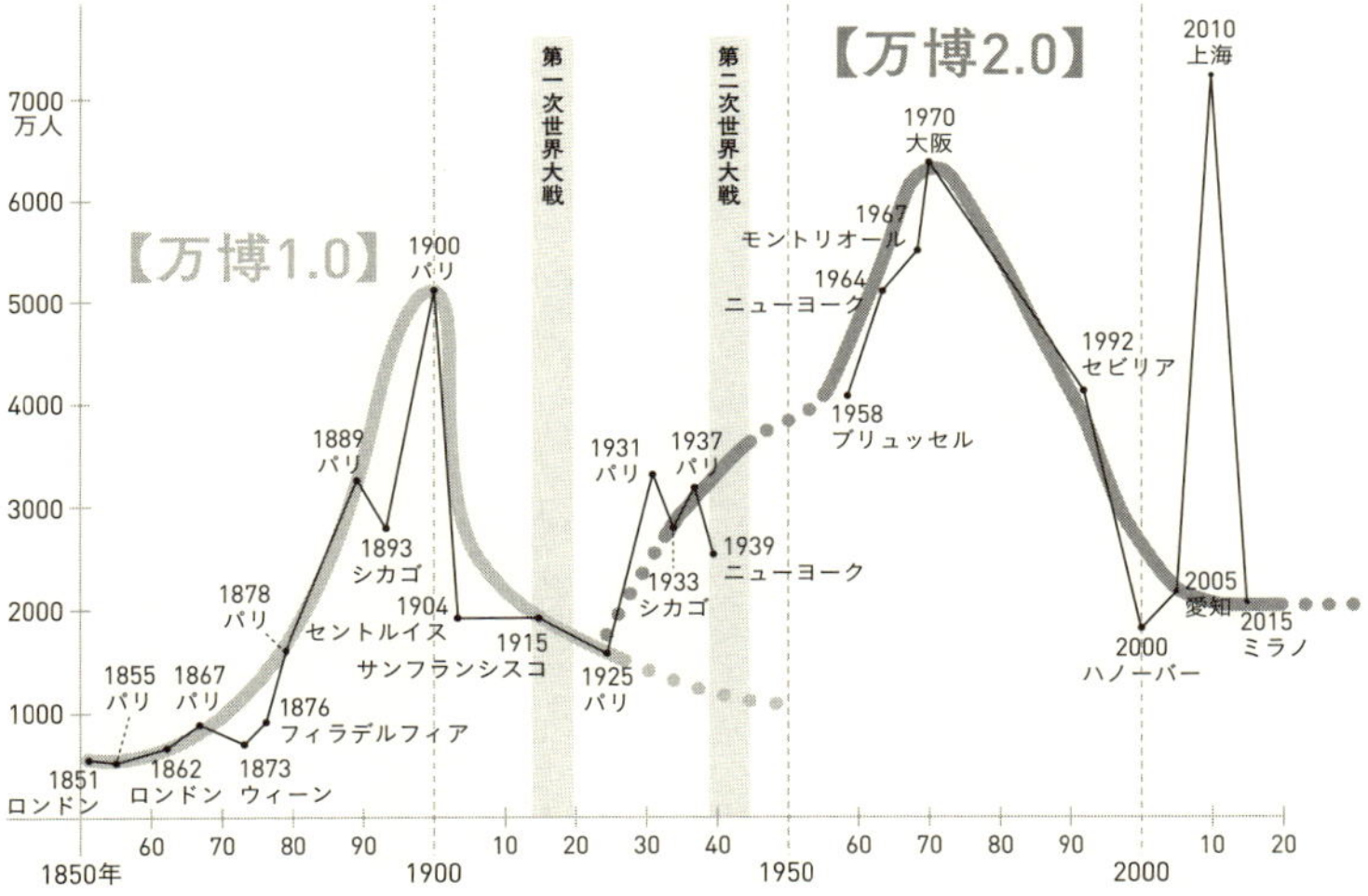

主な万博の入場者数の推移（平野暁臣作成）

余りが過ぎた【万博2・0】も、真ん中あたりでピークを迎えています（上海で一度跳ね上がりますが、特殊な万博なので、全体傾向を見るうえでは除外して考えたほうがいいでしょう）。

ふたつの山は形こそちがいますが、ボリュームはほぼおなじ。2度の世界大戦の狭間に自己変革が始動し、世代交代を準備しました。

さまざまな問題に晒され、権威をすり減らしながら生き延びている【万博2・0】が、構造レベルの改革をしないまま3度目の上昇気流に乗る可能性はないでしょう。歴史に学ぶなら、すでに【万博3・0】が胎動していなければならないのですが、その兆候はいまだ現れてはいません。

パリ撤退の底流にあるもの

ＢＩＥ総会で２０２５年万博の開催地が日本に決まった瞬間、誘致委員会のお歴々が抱きあって歓喜するニュース映像が流れた。重鎮たちのこどものような喜びように違和感を覚えた人もいたと思うが、それほど先の読めない闘いだったということだろう。

当初、最大のライバルはパリだった。日本より5ヶ月も早く手を挙げたパリは、計画案の作成でもトップを走り、最有力候補と目されていた。ところが２０１８年が明けるととつぜん立候補を取り下げる。万博史に燦然《さんぜん》と輝く〝万博の都〟の撤退に、日本の関係者は大いに驚くとともに、万博の行方に一抹の不安を抱いたことは想像に難くない。

撤退の理由として報じられているのは、入場者数の見込みに不安があること、そして「コントロール不能な財政負担」にさらされるリスクがあること。要するに予算を破綻させないだけの集客に自信がもてないということだ。

パリは１８８９年万博に３２３５万人、１９００年万博には５０８６万人を集めた実績をもっている。つまりは、公共交通機関がほぼ皆無だった１２０年前にできたことが、いまはできないと言っているに等しい。

じつは25年万博にはイギリス（マンチェスター）とカナダ（トロント）も誘致の意向を示していた。イギリスはロンドン五輪の成功につづきたいと、２０１５年に誘致の意向を表明していたのだが、翌年11月に「万博には納税者にとってコストに見合う価値がない」として誘致断念を表明。トロント市議会も２０１６年11月に誘致断念を決めた。

いま〝万博業界〟では３つの事象が進行しつつある。

ひとつ目は、国際的な勢力地図が塗り替えられようとしていること。終章で触れたように（☞Ｐ２３３）、今世紀に入ると万博を牛耳ってきた欧米日と入れ替わるように〝オリエンタル〟な国々が続々と舞台にあがってきた。彼らには経験も実績もないけれど、それは負い目というよりいまや強み。万博を支えていた力学とヒエラルキーが大きく変わろうとしているのだ。

いうまでもなく非西洋諸国が力をつけてきたからだが、逆から見れば、万博の歴史をつくってきた欧米先進国が先頭集団からリタイアしつつあるということ。すなわち常連の〝クラブメンバー〟が元気をなくし、情熱を失いはじめている。これがふたつ目だ。

万博はこれまでも浮き沈みを経験してきたが、クラブメンバーが万博に対する期待と情熱を失うことはなかった。だからこそ万博のダイナミズムは温存され、1970年の大阪で2度目の頂点を迎えることができたのだ。

だが21世紀の先進国に「3度目の頂点をめざそう」との気概があるようには見えない。じっさい今世紀に開かれた上位ランクのハノーバー、愛知、ミラノは、いずれも2000万人レベルで、従来の下位ランクの水準に甘んじている。むろん「運が悪かった」からではなくコンテンツの問題だ。ズバッと言い切ってしまえば、コンテンツがBランクだから集客数もBランクになった、というシンプルな構図なのである。

パリ撤退の底流には、「いまAランクのコンテンツを用意するのは並大抵ではなく、それを目指すとしたらいくら金がかかるか見当がつかない」との判断があったと考えて差し支えない。要するに、どうしらたいいのかわからないと先進国が自信をなくしているのだ。これが3つ目。

「従来の方法をつづけていては負のスパイラルから抜け出せないのはわかっている。はたしてこの状況を一変させるほどの改革は実行可能なのか？　そもそもそれにチャレンジする価値がいまの万博にあるか？……」

万博関係者の深層にあるのはこんな気分ではないかと想像している。

第3章

万博はなにを遺すのか?

時代を超えて生き延びてきた万博。
景色は変わっても本質は変わっていない。
遺伝子に3つの命題が書き込まれているからだ。
そもそも万博はなにを遺し得るのか?
レガシーを遺し地域を変えるために為すべきことを考える。

第1節　遺伝子に書き込まれていること

Q【万博1・0】から【万博2・0】への世代交代で景色は大きく変わったけれど、〝遺伝子〟まで書き換えられたわけではなかった、という話がありましたが、万博の遺伝子にはなにが書かれているのでしょう?

展示アイテムが蒸気機関から環境技術に変わり、展示手法が「陳列」から「体験」へと進化したあとも、万博の本質は変わりませんでした。まるで制度の奥底に遺伝子が眠っているかのようです。

ではいったい遺伝子にはなにが書き込まれているのか? ぼくは大きく3つだろうと考えています。「工業社会の進歩観」と「大衆啓蒙への情熱」、それに20世紀半ばから加わった「テーマによる奉仕」です。

見てきたように、万博は「半歩先の技術」を見せることで、大衆に「幸せな近未来」を予感させる営みです。蒸気機関、電車、クルマ、自転車、エレベーター、映画、蓄音機、ミシン、水族館、観覧車…。万博でデビューした無数の「驚くべきモノ」たちは、じっさいその後の暮らしを大きく変えていきました。

驚きの新技術を眼のあたりにすれば、自ずと近未来への夢が膨らみ、技術の進歩と工業力の発展を願いたくなります。そして「産業技術の発展こそが幸せへの鍵だ」という思いが湧きあがってきます。

あるいは、近代教育のおかげで先住民が〝準文明人〟へと進化するビフォー・アフターを見せられれば、ヒトも進化する存在であり、西洋文明をもってすれば〝野蛮人〟をも救済できる、と頼もしく感じたことでしょう。

いずれも根底にあるのは「文明も人間も〝進歩〟するものであり、それを駆動するのは近代的な産業、技術そして教育である」という世界観です。

ヒトは進歩する生きものだ。進歩が夢の未来をひらく。進歩は善であり正義である。

万博が生まれたときから守りつづけている不動の信条。それが「工業社会の進歩観」です。極論すれば、万博とはこの世界観を大衆に植えつけるためだけに存在していると言ってもいいくらいです。

ダーウィンの『種の起源』が出版されたのが、第1回ロンドン万博から8年後のこと。万博と進化論は文字どおりの同世代であり、その後もずっと併走してきた間柄なのです。

万博は、進歩がひらく「夢の未来」に大衆の意識を向かわせ、それをめざす情熱を掻き立てます。列強の為政者にとってそれはきわめて重要な政策でした。

Q 大衆の意識が「夢の未来」に向かうことを為政者は願った。遺伝子の2番目「大衆啓蒙への情熱」とはこのことですね？

そもそも万博は工業振興を目的とした産業政策であり、国境を越えた「産業技術の見本市」だったはずなのに、なぜか観客は最初から一般大衆でした。考えてみると少しヘンだと思いませんか？

産業技術分野における国際的なコンベンションであれば、ビジネス関係者だけを対象としたエクスクルーシヴなトレードショーにするほうが合理的だからです。じっさい世界最大の家電見本市「ＣＥＳ」や全米最大規模を誇る「CONEXPO - CON／AGG（国際建設機器見本市）」など現代

団体で第1回ロンドン万博を訪れる農民たち（1851ロンドン）。

の代表的な産業見本市の多くは「関係者限り」です。なぜなら情報交流や商談と関係のない一般来場者はビジネスの邪魔になるから。本来の趣旨からすれば、万博も一般観覧者を排除したBtoBのトレードショーにすべきです。

しかし万博はけっしてそうはしませんでした。当初から大衆社会に門戸を広げ、つねに民衆に目配りしてきたことは、これまで見てきたとおりです。万博は大衆のためにある。この方針が揺らいだことは一度もありません。

ではいったいなぜ、為政者たちは万博を民衆に見せようとしたのでしょう？　新技術の開発に貢献してくれるはずのない農民たちに、なにを期待していたのか？

狙っていたのは大衆の「意識改革」でした。

農村社会から工業社会への飛躍を競っていた列強各国にとって、大衆のコンサバティブなメンタリティは頭の痛い問題でした。

保守的な農民たちは中世の価値観をひきずっていたし、保護主義に守られぬるま湯にあった職人たちは向上心や競争心とは無縁。前近代的な商慣習しか知らない商人たちは商売の極意を「高く売りつけること」と考えている。

為政者にとってこの状況は深刻な問題でした。大衆が「進歩」に対する高いモチベーションをもってくれない限り、工業社会へと脱皮できないからです。

工業力を進展させるためには、農民たちを都会の工場で真面目に働く「良き労働者」に変えなければならないし、産み出された製品を喜んで買う「良き消費者」にしなければなりません。彼らの中世的な意識を変えなければ、消費マーケットの拡大はもとより、労働力の確保さえままならないのです。

無学な大衆を理屈で説き伏せるのは容易ではないし、時間もかかる。「便利で豊かな暮らし」をじっさいに体験させるのがいちばんです。技術の進歩がつくる「幸せな近未来」を疑似体験させることで、工業社会の実現を自分のこととして願う気分を醸成しよう。そう目論んだわけです。

産業の発展こそが幸せをもたらすもの。その実現に向けて努力するのが正しい。よし、オレも都会に出て一翼を担おう。工場で働いて豊かな暮らしを手に入れるのだ…。

万博会場で「驚くべきモノ」や「驚くべき体験」に出会った庶民は、皮膚感覚でそう実感しました。そしてそれこそが万博の重要なミッションでした。「良質の労働力」と「素直な消費者」の確保に向けた「大衆の意識改革」です。

主たる目的は「公衆の教育」であり、示すのは「進歩」もしくは「将来の展望」である。国際博覧会条約がそう定義していることを思い出してください。万博とは「技術の進歩が幸せな未来をひらく」という工業社会の進歩観を大衆に啓蒙する装置であり、その戦術として「近未来の疑似体験」という手法を採用しているのです。

19世紀に開発されたこのメカニズムを、万博はいまも守りつづけています。

Q　3つ目の「テーマによる奉仕」とはどういう意味ですか？　1933年シカゴ万博で登場したテーマが万博運営の中核的存在になったのは第2次世界大戦後のことだった、という話がありましたが…。

万博にとって核兵器の出現は大きなインパクトでした。宇宙技術とともに「未来をひらく夢の技術」だったはずの原子力が恐ろしい牙を剥いたことで、「技術の進歩が幸せな未来をひらく」と声高に語ることが憚られるようになってしまったからです。

科学技術のダークサイドを見てしまった。この衝撃が万博を新たな理念構築へと向かわせます。お題目に過ぎなかったテーマを万博の核に据えるというアイデアです。

人種や国境を越えて共通の課題について語りあい、知恵を交換する場。それが新しい万博像のイメージでした。言い換えれば、「それぞれがそれぞれの話題をもち寄る場所」だった万博を、「ひとつの問いに対する考えをみんながもち寄る場所」に変えようとしたわけです。

戦後初の大型万博となった1958年ブリュッセル万博がこの理念を鮮明にします。「わがベルギー国は、このテーマによって人類に奉仕する以外の目的をもつものではない」(傍点筆者)。万博の理論的支柱だった事務総長エヴェラルツ・ド・ヴェルプはそう言い切りました。

ブリュッセルのテーマは『科学文明とヒューマニズム―より人間的な世界へのバランスシート』。いまだ戦禍の傷跡が生々しく残る時代にあって、科学文明にヒューマニズムという概念を対置することで、人と科学技術のつきあい方を考えようとしたのです。

人間は強大化する科学文明にうまく適応できなくなりつつあるが、ヒューマニズムの力でかならずやこの状況をのり越えていけるだろう。テーマの裏に透けて見えるこのヴィジョンは、技術推進を旨とする万博ゆえにポジティブではあるけれど、それまでの無邪気な未来礼賛とはずいぶんトーンがちがいます。

いっぽうブリュッセルが〝万博はテーマが統治すべきだ〟と訴えたのに対して、6年後の64年ニューヨークは〝理屈抜きのアミューズメントでいい〟という立場でした。戦後になって「テーマ至上主義」と「エンターテインメント至上主義」という対極的なふたつのモデルがぶつかったわけですが、67年モントリオール、70年大阪がともにブリュッセル路線の継承を打ち出したことで、流れは決まりました。

万博とは国境を越えてテーマを語りあう場。テーマを議論することで人類社会に奉仕する営み。それが現代の常識であり、いまこのコンセプトを疑う者はいません。

Q 無邪気な未来礼賛はできないと考えたブリュッセルは、「技術の進歩が幸せな未来をひらく」とは逆のプレゼンテーションを行ったんですか?

展示機能をもつ『アトミウム』(1958ブリュッセル)。「原子力の平和利用」がテーマだった。

事務総長のヴェルプは「驚くべき新発見の危険性を見せる」という趣旨の文章を残しており、大きな決意をもって臨んだことは疑いないのですが、しかしながら会場が技術文明批判に染まったわけではありませんでした。

象徴的だったのはシンボルモニュメントの『アトミウム』です。鉄の結晶構造をモチーフにした高さ１０３ｍの巨大造形で、直径18ｍの球体9個がチューブでつながっています。

原爆投下から2年後に検討がはじまった万博企画にあって、意味のあるモニュメントとはいかなるものかを考え抜いた末に選ばれたアイデアでした。

こう書くと、技術進歩の正義を説いてきた万博がついに正面から警鐘を鳴らしたのか、と思われるかもしれませんが、現場の展示シナリオは、「原子力は扱いをまちがうと牙を剥く怖い存在だ」と警告しつつも、「ヒューマニズムを身につけた科学者に委ねることで平和裡に運用できる」というもの。技術にはたしかにダークサイドがあるけれど、最後にはヒューマニズムの力を備えた〝正義の技術〟がそれをのり越える、というストーリーです。

「科学技術を無邪気に信奉できる時代は終わった。だがほかに頼れるものはない。信じる以外にないじゃないか」。戦後万博の微妙な立ち位置はこんなニュアンスだったと想像します。

いずれにしろ、技術文明に対する楽観主義、楽天的な未来志向から完全に抜け出すことはできず、けっきょく19世紀以来の駆動メカニズムは変わらないままでした。

21世紀になってもこの構図は変わっていません。先に紹介した2000年ハノーバー万博でも、「説教」のあとに待っていたのは環境技術のプレゼンテーションであり、「技術の力で課題を克服していく」物語でした。

05年愛知万博にいたっては、より無邪気に、楽天的にさえなっています。パビリオンのシナリオは、たとえば「地球温暖化による危機と、それに立ち向かう人類の英知」「生態系が崩壊し住めなくなった地球に、脱出した人類の子孫が帰還する」といったもので、脇を固めるのは先端ロボットや環境技術でした。

メッセージしていたのは、「技術の進歩が地球を救い、未来をひらく」という物語であり、もはや「ダークサイド問題」は影も形もありません。技術がたたかう相手は人間に潜む邪悪な心や自身のダークサイドではなく環境問題や食糧問題であって、技術の進歩がはじめから「良きもの」

と前提されている。

時代や状況がどう変わろうと、万博は一貫して「工業社会の進歩観を大衆に啓蒙する装置」でした。【万博2・0】へと世代交代したときも、2度の世界大戦で技術のダークサイドを眼のあたりにしたときも、この構造が揺らぐことはなく、戦後になってこれに「テーマ」というスコープが加わったわけです。

テーマというテーブルのうえで工業社会の進歩観を大衆に啓蒙する。これが遺伝子に書き込まれた基本情報であり、万博の本質です。

第2節　万博のレガシーとはなにか

Q

最近「万博のレガシー」というフレーズを耳にしますが、万博のレガシーってどのようなものなんですか？

「レガシー」という用語は2020年の東京オリンピック誘致が本格化したころから流行りはじめたように思いますが、たしかに最近よく聞くようになりました。特徴的なのは政治家や官僚が好んで使っていること。事業を無駄に終わらせないことを説明するキーワードとして、まだ手垢がついていないので重宝されているのでしょう。

もともとの意味は「後世に受け継がれる価値をもつ物理的あるいは精神的な遺産」というあたりだと思いますが、「○○をオリンピックのレガシーに！」という使われ方においては「後世に評価されることを目標に置いて計画される恒久活用を前提にした継承プロジェクト」といったところでしょう。

ではいったい万博は後世になにを遺すのか？　なにを遺し得るのか？

まず考えたくなるのは、人気のある万博を閉幕後もそのまま営業をつづけることですが、さすがにこれはできません。会期終了後には撤去されることが義務づけられているからで、どんなに人気があろうが、どれほど嘆願書が出されようと、ズルズルと会期を延長することはできないルールになっています。ゆえに万博そのものをレガシーとして継承することはできません。

次に思いつくのはインフラでしょう。いうまでもなくオリンピックや万博などの大型プロジェクトでは、インフラ整備が一気に加速します。誘致を目論む地元のモチベーションに順位をつければ、ダントツの1位はこれでしょう。

じっさい、たとえば70年大阪万博に投入された「万国博関連事業」の総額は6502億円です。物価上昇率を5〜6倍と仮定すれば、現在の額にして3兆〜4兆円。半分の3300億円が道路に、35％の2275億円が鉄道に使われました。

地元で「中環」と呼ばれる中央環状線の建設をはじめ、有料道路の延長と拡幅、地下鉄・鉄道の新設や延長、駅の新設や線路の増設、港湾設備の拡充、公園の整備…。ありとあらゆる公共事業のスイッチが一斉に押され、わずか2〜3年のあいだに執行されたのです。

しかしこれらはいずれも関連公共事業であって、万博が生み出したものではありませんから、さすがに「万博のレガシー」とは言えません。

万博が終わったあとも次世代に伝え遺されるレガシーとはどのようなものなのか？　これまで見てきた歴史のなかに答えを見つけることができます。主な事例を3つ挙げてみましょう。

『エッフェル塔』『ミッドウェー・プレザンス』、そして「近代的な商慣習」です。

Q　3つはまったくレイヤーの異なる出来事に見えますが、それぞれなにを遺したんでしょうか?

―　ぼくは万博のレガシーには大きく3種類あると考えています。ここでは仮に《モニュメント》《プロトタイプ》《カタリシス》と呼ぶことにしましょう。

《モニュメント》の代表例はいうまでもなくエッフェル塔です。フランス革命100年を記念した1889年パリ万博でつくられたエッフェル塔は、建築技術の粋を集めた画期的な建造物であると同時に、大衆のこころを鷲掴みにする最強のエンターテインメントでした。

いまではパリのシンボルとしてなくてはならないエッフェル塔ですが、建設がはじまると「パリの美観を損なう」として文化人らが反対運動を起こしたことはよく知られています。「パリを冒涜し汚すものであり、醜悪だ」という容赦ない批判がきっかけになって、国論を二分する大論争に発展したのです。

しかし、もとは20年の時限契約であって、撤去を前提に建てられたものであることはあまり知られていません。もちろん期限の1909年になってもエッフェル塔が取り壊されることはありませんでした。

表向きの存置理由は「軍事無線の電波塔として役に立つから」というものですが、圧倒的なインパクトを社会に与えていたために壊そうにも壊せなかった、と考えるのが自然でしょう。万博の記憶を語り継ぐ存在としてはもとより、それをはるかに超える文化的・芸術的価値が備わっていることはだれの眼にもあきらかでした。

エッフェル塔は後世に遺すモニュメントとしてつくられたものではなく、社会に受け入れられたあとにモニュメントになったのです。エッフェル塔の成功は、「万博にはシンボリックな建造物が不可欠」という常識を関係者に刷り込むことになりました。

《モニュメント》とは文字どおり、万博に登場したモノそのものが後世に遺されること。１８９３年シカゴ万博の『美術館』を転用した世界有数のミュージアム『シカゴ科学産業博物館』、１９００年パリ万博に際してつくられたパリの名所『グランパレ』など、万博の《モニュメント》はいまも第一線で活躍しています。

Q　万博に登場したモノそのものが遺るのが《モニュメント》だとすると、《プロトタイプ》とはそれ自体ではないものが遺るという意味ですね？

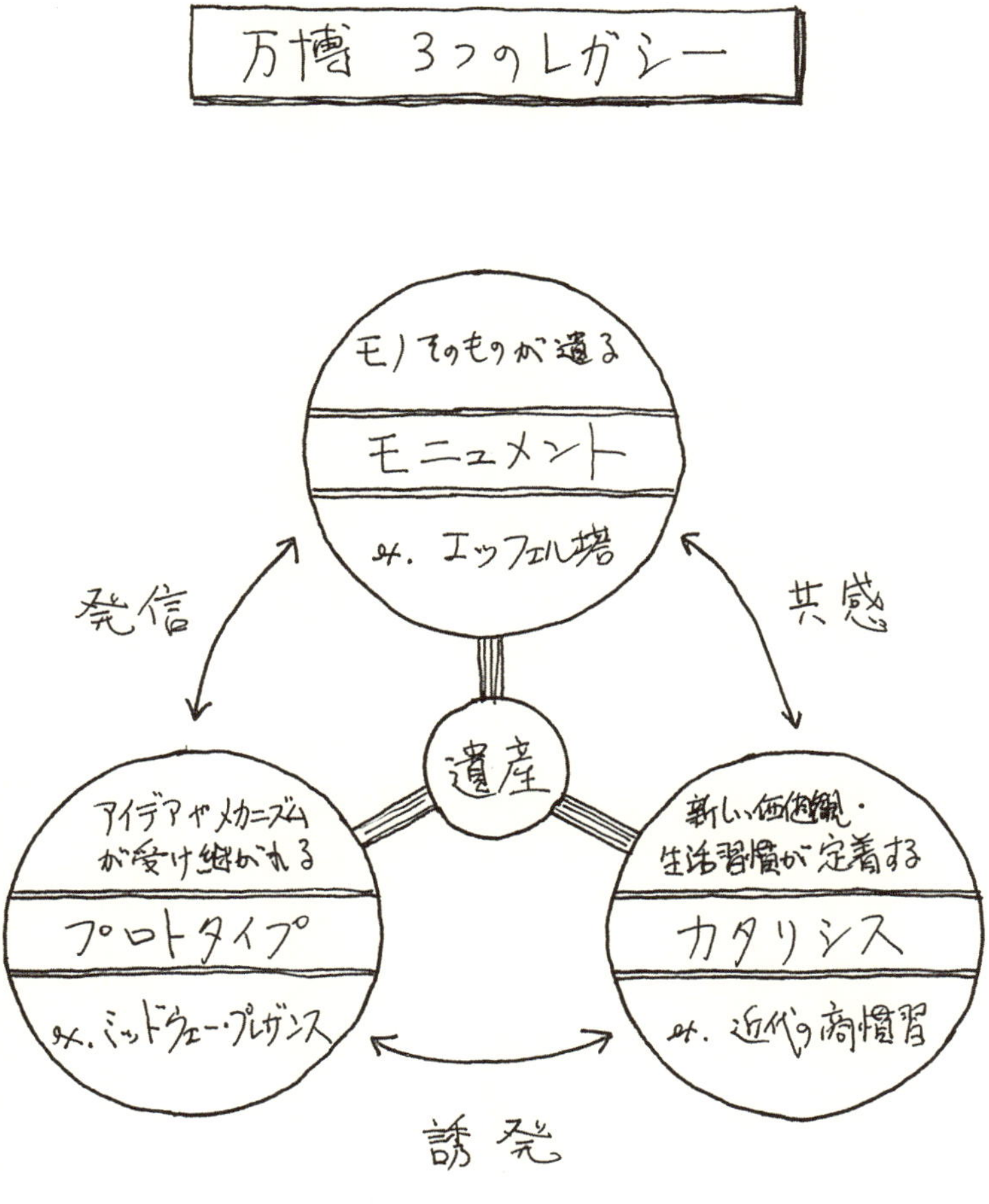
万博 3つのレガシー
モノそのものが遺る
モニュメント
ex. エッフェル塔
発信
共感
遺産
アイデアやメカニズムが受け継がれる
プロトタイプ
ex. ミッドウェー・プレザンス
新しい価値観・生活習慣が定着する
カタリシス
ex. 近代の商慣習
誘発

《プロトタイプ》とは、万博に登場したモノそのものが遺るわけではないけれど、万博で試行されたプロジェクトモデルがプロトタイプとなって、のちに日常世界に敷衍《ふえん》・展開していくこと。アイデアやメカニズムといったソフトな遺産が受け継がれていくという意味で、まぎれもなくレガシーの一種です。

たとえば『ミッドウェー・プレザンス』。1893年シカゴ万博で出現したこの一大遊興歓楽街は、『コニー・アイランド』など現代の都市型遊園地の雛形になりました。これを見た人が触発され、アイデアを広げて新しい業態を開発していったわけです。おなじ万博に登場した『フェリス・ホイール』も、今日の大観覧車の原型です。

あるいは「イッツ・ア・スモールワールド」。64年ニューヨーク世界博に出現したディズニーの思想と技術は、その後のメディア空間の演出に絶大な影響を与え、いまではテーマパークの常道になっています。この意味で、あのときのディズニーの仕事は、その後のエンターテインメント／ディスプレイ空間のありようを決定づける画期的なプロトタイプでした。

もとより万博は試行と実験の場です。「半歩先の技術」「半歩先の未来」を指し示す場という性格によるものですが、もうひとつ忘れてならないのは万博が「臨時」の営みであり、「仮設」で

『ミッドウェー・プレザンス』(1893シカゴ)。中央に『フェリス・ホイール』。

あるということ。

半年限りでかならず終わる。だから、たとえ上手くいかなくても大きなダメージにはならない。万博ならではのこの条件が、恒常的な活動や事業ではなかなか踏み出せない冒険や試行を可能にし、その成果がプロトタイプとなって社会に還元されるのです。

よく「万博なんてしょせんは一過性」という批判があります。一瞬で終わる花火のようなイベントに血道をあげても、けっきょくはその場限りじゃないか。そんなものより社会福祉のような地に足のついた事業に注力すべきだ、という〝正論〟です。

たしかに一面の真理ですが、一方では一過性だからこそできることがあるのもまた事実。

万博の歴史を振り返ると、万博で試行された冒険的なアイデアが、その後なくてはならないものとして社会に定着していったケースが無数にあることがわかります。

考えてみれば、個々の出品物自体がそうした役割を担っていました。エレベーター、蓄音機、電話、クルマ…、万博で陳列・実演されたプロトタイプが後に製品化され、暮らしを変えていったわけで、万博は誕生以来、「プロトタイプの総合展示場」だったのです。

同様に、万博とは個々の製品を超える「プロジェクト」や「スキーム」のアイデア・メカニズムをプロトタイプとして社会に提供する機能を担っているのです。

Q あまり馴染みのない言葉ですが、《カタリシス》とはどういう意味ですか？

カタリシスとは触媒作用のこと。万博での体験が大衆を刺激し、触発し、感化した結果、それが契機となって新しい価値観や生活習慣が社会に広がり定着する、といったケースを指しています。言い換えれば、受け継がれるのはモノ＝《モニュメント》でもスキーム＝《プロトタイプ》

でもなく、新しい生活習慣や生活文化であり、精神への無形のインパクトです。第1章でお話しした「近代的な商慣習」がその一例です。万博が登場したころ、ショッピングとは高く売りたい店主と安く買いたい客の駆け引きを意味していました。まずは店主と話をしなければならないし、選択肢は店主が奥から出してくる商品だけ。定価がないので、そこから買い値をめぐるバトルがはじまります。

このような商慣行を疑うべくもなかった大衆の前に、万博は大量の製品を並べてみせました。高く売りつけられる心配をせずに自由に商品を見て回れる。大衆にとってこの状況は、それ自体が驚くべきアトラクションだったわけですが、「定価」が明示されていたことも大きな驚きだったはずです。

第1章で触れたように、万博には当初からすぐれた製品にメダルを授与する褒賞制度があり、価格を審査項目に含めるとともに、観客から価格を問われた際には「定価」を答えるように義務づけていました。

先進的な技術情報を世界が共有し、自由貿易の下でフェアな競争を行うことが品質向上と低価格化を進め、近代的な工業社会をつくる。第1回ロンドン万博のときから万博の底流にあった理念です。「フェアな競争環境」を重視する万博は、中世的な密室の相対《あいたい》取引から近代的な定価販売へ、という流れを加速させようとしました。

無数の商品に囲まれるというスペクタクルは大衆の欲望を刺激します。この状況にヒントを得て生まれたのが百貨店だったこともお話ししたとおりです。多様な商品を見て歩く、という快楽をビジネスに変えた百貨店はもちろん定価販売です。

このように、万博が提供する新しい体験が大衆を触発し、新しい生活習慣を社会に定着させる、といった事象はけっして珍しくありません。

たとえば70年大阪万博でよく話題にのぼるエピソードに、ファストフードが普及するきっかけになったというものがあります。大阪万博に出店したケンタッキーフライドチキンが日本におけるファストフードのさきがけであり、それを見たマクドナルドが翌年銀座に1号店を出したことでファストフードの歴史がはじまったからです。

ことほどさように、万博はときとして生活習慣を変えるほどの影響力を発揮するのですが、忘れてならないのは、単純な教育効果だけでそうなったわけではない、というポイントです。商品に囲まれる体験にしろフライドチキンにせよ、大衆の精神に響いたのは欲望を刺激したからであって、万博でプレゼンすれば自動的にそうなる、かならずそうなる、というものではありません。

新鮮な驚きを提供し、エキサイティングなエンターテインメントとして成立していなければ、いくら万博といえどもスルーされてしまうのはとうぜんです。
蛇足ながら、オリンピックのメダル制度は万博の褒賞制度に由来しています。オリンピックは、発足当初、万博の併催アトラクションとしてスタートしたからです。

第3節　大阪万博が遺したもの

Q― 万博のレガシーといえば、日本人にとっていちばん身近な存在は太陽の塔だと思いますが、あれは日本初の万博のレガシーを遺そうとしてつくられたものなんですよね?

そう考えるのが自然だし、知らなければぼくだってそう信じていたでしょうが、事実はまったくちがいます。太陽の塔は万博のモニュメントとしてつくられたものではありません。それどころか作者の岡本太郎は、あのような巨大造形をつくって欲しいなどとはだれからも頼まれていないのです。

じっさい万博のシンボルは別に建っていました。建築家菊竹清訓《きくたけきよのり》による『エキスポタワー』です。大阪万博の偉業を後世に伝えるモニュメント、すなわち今風にいえばレガシーとして計画されたこのシンボルタワーはしかし、老朽化を理由に2003年に解体撤去されてしまいます。

いっぽういまも偉容を誇る太陽の塔は、テーマプロデューサーとして大阪万博テーマ館の制作を任された岡本太郎が、テーマ展示を構成する展示コンテンツとして、またテーマ館というパビリオンの一部として構想し、強い意志の力で突き立てたもの。テーマプロデューサーの職責は館内の展示を考えることであって、あのような巨大芸術をつくることではありませんから、太郎が太陽の塔の構想を打ち出したときにいちばん驚いたのは発注者である万博協会でした。

いったい岡本太郎はレガシーを遺そうとして太陽の塔をつくったのでしょうか？　戦後最大の国家祭典のプロデューサーというポジションを手にした芸術家が、後世に名を遺すチャンス到来と前のめりになったのか？

それもちがいます。そもそもテーマ館の一部として建築された太陽の塔は、会期終了後に解体されることになっていました。パビリオンは閉幕から半年以内に撤去することが義務づけられていたからです。ところが、太陽の塔の解体はズルズルと引きのばされたあげく、1975年に永久保存が決まります。詳しい経緯は別稿に譲りますが、エッフェル塔と同様に壊そうにも壊せな

大屋根と対峙する太陽の塔。「超近代」と「反近代」が火花を散らせた。

かったのでしょう。

大阪万博の生き証人になるはずだったエキスポタワーがひっそりと解体され、撤去される運命にあった太陽の塔は永久保存になりました。

いまやだれもが「太陽の塔は大阪万博を語り継ぐために建てられたモニュメントである」と信じています。

しかし、太陽の塔はレガシーとしてつくられたものではありません。エッフェル塔とおなじく、登場したあとに社会の期待と要請からレガシーになったのです。

Q 太陽の塔はなぜレガシーになったのですか？ 遺されることになったバックグラウンドにはなにがあったのでしょう？

太陽の塔にはレイヤーを異にするいくつもの意味が折り重なっていますが、まずもってお話ししたいのは、「技術がひらく輝かしい未来」という万博の世界観・進歩思想に対するアンチテーゼだったということです。

岡本太郎は「技術の進歩が人間を幸せなユートピアに誘ってくれる」などとは考えていませんでした。万博が説く「工業社会の進歩観」を露ほども信じていないばかりか、「人類は進歩なんかしていない」と言い放っていたのです。

「人類は進歩なんかしていない。なにが進歩だ。縄文土器の凄さを見ろ。ラスコーの壁画だって、ツタンカーメンだって、いまの人間にあんなものつくれるか」と。

太陽の塔がなにを表したものかはわかりませんが、あの土偶のような、そして太古からひとりあの場所に生えていたような異様な風体を見る限り、少なくとも他の人気パビリオンのような楽天的な未来礼賛とはベクトルが逆であることだけはたしかです。

太郎はそれを大屋根にぶつけました。大屋根は、「いずれ人は空中に都市を築く」という未来ヴィジョンを視覚化した空中都市のプロトタイプ。万博の価値観・進歩観を体現する優等生であり、近代の先を行く「超近代」です。

いっぽうそれに穴をあけ、上半身を突き出して火花を散らす太陽の塔は「反近代」。体を張って「万博の価値観なんか信じるな!」と言っています。メインゲートをくぐった観客が真っ先に眼にしたのが、この「超近代」と「反近代」が対峙する光景であり、それが万博随一のアイコンとなって社会に拡散されていきました。

ぼくは他の万博には見られない独特のインテリジェンスを大阪万博に感じるのですが、それはひとえにこのねじれ=対立構図のためです。「もし太陽の塔がなかったら」を想像してみてください。景観上のシンボルを失うだけでなく、思想面での一方の核を失った会場は、表情が一挙に軽く平凡になり、緊張を欠いて見えたにちがいありません。

大衆も腹の底でわかっていたと思います。意識はしていなかったかもしれないけれど、太陽の塔が万博の哲学を支えていたことは感じていたはず。そうでなければ現在まで遺されることはなかったでしょう。

万博には足掛け3世紀にわたる歴史がありますが、信奉する「工業社会の進歩観」が揺らいだことは一度もないし、それを否定するコンテンツが登場したこともありません。例外はただひとつ。太郎がつくった太陽の塔とテーマ館だけです。

太陽の塔はなぜかカッコイイ。そう感じるのはこうした思想の強度が、理屈ではなく皮膚感覚でわかるから。むろん国籍とは無縁です。

ぼくは10年上海万博の主催組織に招かれて話をしたことがあります。開幕数年前のことです。彼らの興味はただひとつ、太陽の塔でした。万博の歴史を研究するうちに太陽の塔に興味をもったというのです。彼らはぼくにこう言いました。

「上海万博でどんなモニュメントを遺すべきかを悩んでいる。いまどき〝世界一長い橋〟や〝世界一高い塔〟ではリスペクトされないことくらいはわかっている。だがその種のアイデアしか出てこないんだ。じっさい万博の歴史を紐解いてもそういうものばかり。だがひとつだけヘンなものが遺っている。これからの時代、遺すとしたらああいうものだと思う。ただ、ああいうものこそカッコイイというところまではわかるのだが、どうすればあの手のものがつくれるのか、という肝心なことがわからない。そもそも、なぜ40年も前の、官僚主義的だった日本にあのようなものがつくれたのか？」

ぼくは彼らの視点に共感したし、さすがエリートだと思いました。しかしけっきょく、彼らが挑戦しようとしていたレガシーは実現しませんでした。レガシーとはつくろうと思ってできるも

岡本太郎は「ベラボーな神像」を「祭り」の中核に据えた。

のではないのかもしれません。

Q

そうだとしても、「なにを表しているかわからない」のであれば、存在としてはムダだったということになりませんか？

まさしくそのとおり。そしてそれこそが岡本太郎の狙いだったと思います。

万博は良くも悪くも論理的なプレゼンテーションの場。駆動しているのはミッションとロジックであり、合理的・効果的な「メッセージデリバリー」が追求される場です。太郎はそうした万博の本質に真っ向から挑もうとしました。それが太郎の〝祭り論〟です。計算ずくでつくられる見本市ではなく、人類の壮大な祭りにしようじゃないか。繰り返しそう説いたのです。

万博とは「祭り」であり、なにかを得ようといったさもしい根性を捨てた無償の行為であるべき。〝無目的の消費〟に瞬間的なよろこびを感じるのが祭りだ。よし、ベラボーなものをつくってやろう。ムダは大きければ大きいほうがいい。それが日本人の精神に新たな広がりを与えるにちがいない。そう考えていたわけです。じっさい太郎はこう記しています。

「日本人に今もし欠けているものがあるとすれば、ベラボーさだ。チャッカリや勤勉はもう十分なのだから、ここらで底抜けなおおらかさ、失敗したって面白いじゃないかというくらい、スットン狂にぬけぬけした魅力を発揮してみたい。日本人の精神にも、そういうベラボーなひろがりがあるんだ、ということをまず自分に発見する、今度の大阪万博が新しい日本人像をひらくチャンスになればうれしい」。


太陽の塔はベラボーな無駄使いであり、官僚的な60点主義を蹴飛ばした確信犯的な0点答案です。だからこそ「祭り」のシンボルになり得たし、大衆の心に響いたのです。

「課題解決」を掲げ、ロジックとファクトで観客を説き伏せようとする現代の万博と、太郎の思想はまさに真逆。しかし、万博から輝きが失われていったプロセスを見るにつけ、太郎の〝祭り論〟こそが万博を救うのではないか、という気がしてきます。

万博とは不特定多数の大衆を主役とする祭りである。そう定義した瞬間に、なぜ現代の万博をおもしろいと思えないのかが腑に落ちます。

「無駄のない合理的な祭り」に行きたいか？　そう問うだけでじゅうぶんでしょう。

Q―先ほどの〝レガシーの3類型〟に当てはめれば、太陽の塔はあきらかに《モニュメント》だと思いますが、大阪万博に《プロトタイプ》に相当するものはあったのですか?

もちろん大きなものから小さなものまで種々ありました。なかでもぼくがもっともドラマティックだと思うのは、岡本太郎が仕掛け、実現への道筋をつけた民族学博物館をめぐる物語です。太郎はテーマ展示の一角に〈いのり〉と名づけたコーナーをつくりました。正面には自ら制作した巨大な仮面『地底の太陽』を据え、周囲に世界から集めた仮面と神像を浮かびあがらせます。司祭のような『地底の太陽』と土着の民族資料が共鳴する空間はまるで神々の森。その濃密な空気は日常世界とかけ離れた神秘的で呪術的な気配に満ちていました。

わずか半年の仮設イベントですから、この種の展示資料は、普通なら博物館から借りてくることを考えます。しかし太郎はそうせず、東西の文化人類学者（東大・泉靖一／京大・梅棹忠夫）の協力を仰いだうえで、じっさいに世界の隅々に研究者を派遣して蒐集するという前代未聞のプロジェクトを立ちあげました。

「これで買えるだけ買ってこい」。そう言って太郎に送り出された若手研究者20人は大きな成果をあげ、仮面、神像、生活道具、祭祀道具など2600点もの膨大な民族資料をもち帰ります。

うち1406点がじっさいの展示に使われました。

このころすでに多くの辺境で生活様式が変わりつつあったこと、どの国も資料のもち出しを制限するようになっていた状況に鑑みると、民族資料蒐集のラストチャンスでした。もしあのとき太郎が行動していなければ、日本が貴重な民族資料を手にすることはできなかったでしょう。

たかだか一パビリオンの、しかも一展示コーナーの話です。費用対効果を考えれば、著しく合理性を欠く判断だと言わざるを得ません。直情型の芸術家が前後の見境なしに突っ走ってしまったのでしょうか?

じつは太郎が見据えていたのは万博ではなく〝その先〟でした。かねて日本にも本格的な人類学博物館が必要だと考えていた太郎が、万博という国家祭典をうまく利用しようとしたのです。

よく知られるように、1930年代、太郎はパリ大学民族学科でマルセル・モースに民族学を学びました。講義を受けていたのはミュゼ・ド・ロム（人間博物館）の地下教室。このときの経験を血肉化した太郎は、日本にも同種のミュージアムをつくるべきと考えていました。

それは日本の民族学・文化人類学の世界に生きる研究者たちの悲願でもありました。しかし予算もなければプランもない。そんな状況下で悶々とするばかり。

だれもが「悲願」にとどまるなか、太郎はひとり「実行」に踏み出します。「万博展示を実現するため」という名目で資料を集めよう、そうすれば民族学博物館の建設に一歩近づくにちがいない。そう考えたのです。

こうして大阪万博から7年後、太郎が集めた資料群が呼び水となって、会場跡地に「国立民族学博物館」ができました。従来の学術的な分類展示を脱した「構造展示」を標榜する民博の展示形式は、太郎のテーマ展示の精神を受け継いだもの。まさにテーマ館が《プロトタイプ》となって、新しい思想をもつミュージアムが誕生したのです。

太郎が「日本に人類学博物館をつくる」という途方もない野望を独力で起動させてから10年が過ぎていました。

Q― 大阪万博の《カタリシス》の一例としてファストフードの話がありましたが、規模や社会的影響力からしてもっと大きな精神的潮流のようなものが起こったのではないかと想像するのですが……。

ぼくが大阪万博の遺産のなかで特筆すべきと考えるのは、日本のクリエイティブの構造的な変

テーマ館地下展示〈いのり〉。この民族資料はいま「国立民族学博物館」にある。

化です。コンテンツづくりを徹底して若いクリエイターに委ねたことで、その後の日本のクリエイティブの景色が大きく変わったのです。

大阪万博には、分野を問わずクリエイティブシーンの最先端の人材が投入されました。「前衛」が総動員されるという前代未聞の状況とともに、驚かされるのはクリエイターたちの年齢です。

磯崎新38歳、杉浦康平37歳、黒川紀章35歳、横尾忠則33歳、石岡瑛子31歳、コシノジュンコ30歳…。実務の指揮をとる司令官クラスでさえ、ほぼ例外なく30代だったのです。これは開幕時の年齢ですから、仕事の依頼があったときはさらに2歳は若かったでしょう。考えてみれば、丹下健三と岡本太郎でさえまだ50代でした。

万国博覧会という未曾有かつ未経験の巨大プロジェクトを前にして、「若い才能に賭けよう」との機運が醸成され、それに応えた若きクリエイターたちが「火事場の馬鹿力」にも似た抜群のパフォーマンスを見せたことが大阪万博を望外の成功に導いた。ぼくはそう考えています。

大阪万博は、敗戦の屈辱から立ち上がった日本が、国際社会に「新しい日本」「生まれ変わった日本」を打ち出す千載一遇のチャンスでした。それまでのような欧米のコピーではなく、欧米を超えるものをつくってみせなければ意味がない。そうした状況にあって、若く鋭敏な表現者たちは欧米に伍する独自の思想と表現を形にしていきました。

当時世界をリードしていた日本発の建築思潮「メタボリズム」がその典型です。海外の前衛建築家がほとんど実作の機会を与えられないなか、大阪万博は同世代の若き日本人建築家に次々と実験作品を建てさせたのです。

こうした大阪万博の成功体験がその後の日本のクリエイティブシーンに決定的な影響を与えたのではないか。ぼくは密かにそう考えています。一言でいえば、「オレたちにだってやれるじゃないか」「もう欧米に遠慮することない」という自信を日本の表現者・創造者の潜在意識に打ち込んだのではないか、と思うのです。

じっさい1970年頃を境に日本のクリエイティブは大きく変わりました。ファッションの世界では、三宅一生と高田賢三がパリに切り込み、つづく川久保玲や山本耀司などとともに、西洋の服飾デザインの常識・規範から外れた高度なオリジナリティでファッションシーンに衝撃を与えます。「フォロワー」から「パイオニア」へと一気にフェーズが切り替わったのです。

ジャズもおなじで、アメリカのジャズジャイアントのコピーの精度を競っていた60年代までとは打って変わって、日本人ミュージシャンが「オリジナルのサウンド」を追求するようになりました。アルバムには1曲15分のオリジナル曲を収録し、ライブで演奏するのもオリジナルだけ。コピー時代とはベクトルが180度変わったのです。同様の現象は多くの表現領域で同時多発的に起こりました。

もちろん、日本のクリエイティブシーンに生じたこれらの動きがすべて大阪万博の成果であるなどと言うつもりは毛頭ありません。もとよりこうしたムーヴメントはさまざまな事象が相乗的に作用した結果であって、いくら巨大であっても単発のイベントだけでつくり出せるものではないし、そもそも大阪万博の成果自体がムーヴメントの結果であって原因ではないと見ることもできるでしょう。

それでもなお、日本人の精神に、とりわけクリエイティブな世界に生きる者たちに対する大阪万博の影響は絶大かつ決定的だった。それどころか、大阪万博がなければおそらくその後の展開もなかった。大阪万博最大の遺産はクリエイティブ・シーンに与えた精神的インパクトだった。そう言って差し支えないとぼくは考えています。

第4節　万博は地域を変えられるか？

Q　オリンピックと並んで巨額の公共投資を呼び込む万博には、地域への大きな経済効果が期待できると思うのですが、万博と都市の関係とはどのようなものなのですか？

万博に限らず博覧会のパワーはその瞬発力と突破力です。ルーティンとはケタがちがう公共投資を引き寄せ、地域に大きな波及効果をもたらしてきました。万博誘致の裏にそうした期待があることは古今東西みなおなじ。万博の歴史とは一面で「地域経済の起爆剤を手にしたい」との欲望の歴史です。

じっさい70年大阪万博では、「万国博関連事業」として現在の額にして3超～4兆円が投入されたことはお話ししたとおりです。さらに遡れば、1903年に天王寺で開かれた第5回内国勧業博覧会がきっかけになって、大阪南部への交通インフラをはじめとする公共投資が一気に進みました。会場跡地は数年後に天王寺公園となり、その後、新世界ルナパークや通天閣ができるなど、南部開発の原動力となったのです。

万博と地域インフラの関係はこうしたシンプルなものですが、開催都市との関係を長い目で見ると、話はそう単純ではありません。「やればかならずなにかが手に入る」わけではないし、「やればかならずなにかが変わる」ものでもないからです。

まずは眼の前の会場跡地をなんとかしなければなりません。跡地をうまく飛躍させることができれば有終の美を飾れますが、じっさいには難度の高い課題です。万博そのものがうまくいったからといって跡地問題まで自動的に解決されるわけではないからです。

92年のセビリア万博がそうでした。万博そのものは4181万人を迎えて盛況裏に終わったのに、跡地利用で大失態を演じてしまったのです。

煌びやかなパビリオンが立ち並ぶ、あたかも未来都市のごとき会場を眼のあたりにしたアンダルシア州政府は、「パビリオンはじめ諸施設をこのまま残せば、再開発の手間をかけずに未来型の副都心が手に入るじゃないか」と思いつきます。じっさい各パビリオンに「残して欲しい」旨を要望し、閉幕後には州政府の関連機関を存置パビリオンに移転させました。

閉幕から5年後、気になっていたぼくは現地視察に赴いたのですが、そこで眼にしたのは悲惨な光景でした。広大なサイトに散在する建物はいずれも廃墟同然で、営業をつづけているはずだったプレイランドも閉鎖。再開発計画も事実上凍結され、人っ子ひとり歩いていません。点在する元パビリオンに入居させられてしまった関係機関だけが、見捨てられたように取り残されていました。

広大な会場エリアの維持管理には莫大なコストが必要だし、博覧会用にデザインされたサイトが日常の都市活動にフィットするはずがない。耐久性を無視して建てられた仮設パビリオンは長もちしないし、そもそも展示用の建物をオフィスなどに転用してうまくいくわけがない。冷静に考えればあたりまえですが、州政府は「一挙両得のアイデア」と突き進んでしまいました。合理的・効率的な「跡地利用」を実現させなければならないとのプレッシャーが判断力を曇らせてしまったのでしょう。

ことほどさように万博跡地の使い道はむずかしい。それゆえに万博跡地の多くは公園になっています。公園なら文句は出ないしリスクもないからです。

セビリア万博会場跡地。多くは荒れ放題のまま放置されている。

じつは「跡地利用」というアプローチで考えはじめた時点で、すでに勝負はついています。もちろん「負け」です。

Q 「跡地利用」ではないアプローチがあり得るのでしょうか?

「跡地利用」とは、文字どおり「先に万博があり、あとで土地利用を考える」という発想です。基本的には「都市の真ん中にできてしまった広大な空地をどうやって埋めるか」という話ですから、簡単に結論が出るわけがありません。けっきょくは「どの案も帯に短し襷《たすき》に長し。公園にでもしておこう」となってしまいます。

順番が逆なのです。本来、都市との関係でいえば、都市の使われ方＝新しい都市像が先にあり、それを展開する手法として万博が企図されるべきであって、「都市像が先、万博はあと」。さらにいえば、新たな都市像を確固たるものとするために万博を活用すべきなのであり、万博を行うために、あるいは行うことを決めたあとに、地域の将来像に頭を悩ますのでは本末転倒です。

『万博は手段であって目的ではない』。

この〝あたりまえ〟をみごとに実践した万博のひとつに１９８６年バンクーバー万博があります。

港湾都市からコンベンション都市へ。物流拠点から情報拠点へ。ウォーターフロントの再開発をはじめとする都市基盤の整備に取り組んでいたバンクーバーは、都市改造の最終段階で万博を〝使う〟ことを目論んでいました。新たな都市イメージを世界に広報するにあたり、万博がもっとも効果的・機能的なメディアだと考えたのです。

そこで万博を再開発事業の一部門と位置づけ、他部門と綿密なすり合わせをしながら開催計画を立案していきました。当初から万博を都市開発プログラムの一要素と見なしていたわけです。

国際コンベンションセンター＝『カナダ連邦政府館』、国際展示場＝『ブリティッシュ・コロ

1986年バンクーバー万博。新しい都市機能を体感させることがミッションだった。

ンビア州政府館』、スタジアム＝『イベントホール』、新都市交通システム＝会場間輸送設備…。

本番では、ふたつの会場を巡り歩くだけで、バンクーバーが国際コンベンション機能を備えていることが無意識のうちに体感できるよう仕組まれていました。観客は、知らず知らずのうちにバンクーバーの新しい都市像を刷り込まれていたわけです。

万博は「新たな都市像のショールーム」であり、「新たな都市機能のショーケース」である。バンクーバーが身をもって示したコンセプトです。

ぼくがさすがだと思うのは、当初から3・1億ドルの赤字を予算化していたこと。大規模な都市改造プロジェクトの一翼を担う以上、コストの支出は当然であり必然だ。元を取ろうなどとケチなことを言っては上手くいかない。要するにそう考えていたわけで、この万博の性格と理念を雄弁に語っています。そしてじっさい目標の１５００万人を大幅に上回る２２１１万人を集客したにもかかわらず、２・８億ドルの赤字を計上しました。

「跡地利用」という発想をしている限り、こうした展開は期待できません。

Q 都市との関係でいえば、万博とは新たな都市ヴィジョンの〝完成披露パーティ〟のようなものなのですね？

そう考えていただいて差し支えありませんが、ちがうアプローチで組み立てられた万博ももちろんあります。たとえば１９９８年のリスボン万博です。

会場となったのはリスボン東部に広がるウォーターフロント。海のごときテージョ河に面し、中心市街地からも空港からもクルマで15分程度という絶好のロケーションは「リスボン最後の土地」と言われていました。ポルトガル政府は80年代末からこのエリアの再開発をはじめます。開

再開発前のリスボン万博サイト。地域イメージの刷新が最大の課題だった。

発面積は330ヘクタール。2010年の完成を目指していました。

最大の障害は、市民の頭にこびりついている臭い、汚い、危ないといった悪しき地域イメージでした。それまで石油精製プラント、産廃処分場、食肉処理場などが立地していたからで、「いままでとはちがいます」といくらアピールしても、一度染みついたダーティなイメージを払拭できずにいたのです。

口で説明するだけでは埒《らち》があかない。安全快適な場所に生まれ変わったことを納得してもらうには、自分の眼で確かめてもらうしかない。そう考えた政府は、じっさいに現地に足を運ばせる切り札として万博という手段を選びます。再開発プロジェクトのキックオフ

1998年リスボン万博。小さいながらも美しい会場だった。

から完成目標までの中間点にあたる98年に万博を開催し、進捗状況を市民に体験させることで地域イメージを書き換え、後半戦に弾みをつけようと考えたのです。

こうした経緯から、ポルトガル政府は、再開発計画のリストにある施設群のうちいくつかを先行建設し、万博期間中だけ用途を変えて「先利用」するという戦略を打ち出します。将来の総理府を『ポルトガル館』に、1万5000人収容のホールを『ユートピア館』に、国際展示場を外国出展ゾーンに、といった具合に、いわば地域の将来像の〝予告編〟を見せたわけです。

リスボン万博はポルトガル全人口に匹敵する1000万人の観客を迎え、好評のうちに幕を閉じました。この万博は98年のGDP増加分の3分の1を稼ぎ出したといわれ、順調に売却が進んだ跡地には商業・居住・娯楽が一体となった複合開発が実現しました。3年後の記事はこう記しています。

「98年のリスボン万国博覧会の〝余韻〟が今も同国経済を潤している。(中略) 何より『欧州他国と伍していけるという自信が生まれたことが大きい』(エキスポ公社ベレス氏)」(日本経済新聞2001・6・9)。

伍していけるという自信。これこそが万博のもたらすもっとも大きな精神的遺産です。世界に伍して万博を成功させた経験は、主催国の国民に大きな自信と誇りを育みます。じっさいぼくは大阪万博で「日本ってすごい。この日本に生まれてほんとうに良かった」と思ったし、クリエイターたちは「オレたちにだってやれるじゃないか」「もう欧米に遠慮することない」と実感したはず。おなじように母国の健闘ぶりに高揚する人々の表情を、ぼくは韓国や中国などで見てきました。

国際社会の先頭集団への仲間入りを企図する国々にとって、万博はこのうえなく魅力的・説得的な「実演機会」であり、国民への大きな啓発効果を約束する実効的・体験的なプロモーション施策なのです。

Q 逆に、地域の将来ヴィジョンと万博の関係がちぐはぐになってしまったケースはありますか?

思い出されるのはやはり2005年愛知万博のすったもんだです。万博と抱きあわせだった土地開発に対する批判から迷走がはじまり、ついには根幹の枠組みが崩壊するというかつてない事態を引き起こしたことを覚えておられる方も少なくないでしょう。

当初、「海上《かいしょ》の森」と呼ばれる瀬戸の里山を切りひらいて会場とする計画で、背後には「新住宅市街地開発事業（新住事業）」というスキームが控えていました。万博終了後に跡地をこの開発事業にスライドさせ、国からの財政支援を得て瀬戸市東部を学術研究ゾーンにする構想でした。万博を土地開発のトリガーに使おうとしたわけです。

見てきたように、万博が土地開発の先導役を果たすこと自体は珍しいことではないし、リスボンのようにうまく組み立てれば大きな成果を得られるわけですが、このときは万博のコンセプトと開発スキームが理念のレベルで相反していたばかりか、万博が表向き開発事業とは無関係を装ったために、万博が破綻寸前にまで追い込まれてしまいます。

当時掲げていたテーマは『Beyond Development（開発を超えて）』。20世紀の開発型万博は時

2005年愛知万博。会場は既存公園を造成してつくられた。

代遅れと一刀両断にしたうえで、開発を超える「21世紀型万博」を提示すると謳いあげていました。

当初から「言っていることとやっていることがちがうじゃないか」と言われてもしかたがない状況だったのですが、万博の開催承認から2年後に予定地からオオタカの営巣が発見されたことで事態が一気に動きます。ついには事前協議に訪れたBIE議長らが通産省（現経産省）幹部にこう詰め寄るまでに至ってしまったのです。

「山を切り崩し、木を切り倒し、4〜5階建ての団地を建てるこのような計画こそ、20世紀型の開発至上主義の産物にほかならないのではないか。それは、あなた方のいう博覧会テーマの理念とは対極にあるのではないか」「『愛知博は自然破壊につながる大規模な開発の隠れみのである』というのが、WWFをはじめとする世界的な環境団体の主張だ」「あなた方は地雷の上に乗っていることを自覚すべきだ」（中日新聞　2000・1・14）

ハノーバー万博開幕直前の出来事です。すでにハノーバーの絶望的な状況が見えていた時期ですから、BIEも追い込まれていました。彼らはこう言い放ちます。「愛知博が中止になることは、BIEにとって問題ない」。

この恫喝は決定的でした。政府は新住構想を撤回。会場を近くの公園に移すことを決め、あわせて目標を2500万人から1500万人へと引き下げました。こうして開催申請から4年にわたる準備作業のいっさいが吹き飛びます。

主会場は既存公園なので、仮設建物を撤去したあとはまた公園に戻るだけ。開発をめぐる問題が生じない代わりに、地域への波及効果もないという結果になりました。世界初の「森の万博」になるはずだったものが、いつのまにかもっとも保守的な万博になってしまったわけです。

Q―万博をやれば地域が変わる、という単純な図式ではないんですね?

バンクーバー、リスボン、愛知と見てきておわかりのように、万博そのものが地域を変えるわけではありません。万博をやりさえすれば、あるいは万博を成功させ、その勢いで「跡地」を開発すればかならず地域の発展が約束されるというものではないのです。

繰り返し言いますが、万博は手段であって目的ではありません。万博とは「なにかを獲得するため」に実行されるべきものです。開催自体が目的になると、来場者数が予定を超えれば、あるいは収支が合えば成功だ、という話になり、それこそ一過性のカンフル剤に終わってしまいます。言い換えれば、開催そのものを目的化してはあとになにも遺らない、ということです。

地域との関係でいえば、万博は、変貌しつつある地域の特性と理念を世界に知らしめるメディアの役割を果たします。じっさいバンクーバーでは「新たな都市機能のショーケース」として、リスボンでは「地域の将来像の〝予告編〟」として、地域改造の一翼を担いました。

ふたつの万博はなぜこうした成果をあげることができたのか? 答えはシンプルです。万博を当初から上位プロジェクトの推進要素として、すなわち都市改造事業の戦略的な手段として位置づけていたからであり、なにより万博より先に新しい都市像、目指すべき地域の将来像を確固として確立していたからです。「地域をどうしたいか」という青写真もなく、その実現に向けた行動に踏み出すこともせずに、「万博さえやれば」と考えるのは虫が良すぎると言われてもしかたがありません。

万博開催を考えるとき、「なにをやるか＝Ｗｈａｔ」はもちろんですが、それ以上に大切なのは「なぜ、なんのためにやるのか＝Ｗｈｙ」なのです。

エリート建築家の敗北

万博誕生の舞台となった『水晶宮』のイメージは、建築というより「温室」に近い。それもそのはずで、デザインしたのは建築家ではなく造園家。設計者ジョセフ・パクストンは下積みの庭師から這い上がり、大温室の設計で注目されていた人物だった。

全面をガラスで覆われた長さ563mにおよぶ巨大建造物の出現は、ロンドン市民の度肝を抜く。しかもそれが〝突如として〟出現したことがインパクトを増大させた。驚くべきことに、パクストンはなんと1週間で設計を終え、着工からわずか半年で完成させたのだ。トラックもクレーンもない時代に、である。

本来なら設計コンペで建築家が選ばれるはずだった。じっさい254もの応募案が集まったのだが、主催者サイドはそれをすべて却下したあげくに自ら設計案を作成。だがそれは「セントポール大聖堂より大きなドームをもつ」ことを売りにした古めかしく大仰なもので、コストの面でも工期の点でもリアリティがなかった。

開幕まであと10ヶ月。この絶望的な状況のなかで颯爽と登場したのがパクストンだった。世論に背中を押される形で権威筋の古典建築案を押しのけると、わずか半年で水晶宮を完成させる。

だがエリート建築家たちはパクストンを認めなかった。水晶宮についても「建築の名に値しない」「工業力の産物であって、思想はない」といっさい評価しなかった。

しかし大衆は支持した。水晶宮が未来への希望を掻き立てたからだ。エリートの説くどんな理屈より、眼の前に立ち現れた「リアルな近未来」に説得力を感じたのだ。建築家たちはあまりにナイーヴだったと言うほかない。

40年後、1889年パリ万博で『エッフェル塔』が登場する。建設を指揮したのはギュスターヴ・エッフェル。橋の設計で名を馳せ、『自由の女神』の内部構造も設計した「鉄の魔術師」と呼ばれた技師である。

じつはこのときも対抗案があった。宮殿などを手掛ける伝統的な建築家によるもので、大理石を積み上げたマッシブなフォルムの頂部に巨大な電灯を設置してパリの夜空を照らす、というものだ。高さはエッフェル塔を超える360m。『太陽の塔』という名前がついていた。だが高さで勝り、ときの首相が後押ししていたにもかかわらず、この案は採用されなかった。予算・工期ともにリアリティがなかったからだ。

第2次大戦後には『アトミウム』がつくられる。原爆という科学技術のダークサイドを見てしまったあとのモニュメントのありようを問うものだった。鉄の結晶構造を1650億倍に拡大した巨大造形で、原子をあらわす9つの球体をチューブでつないでいる。発案したのはベルギーの金属工学技師アンドレ・ワーテルケインだ。

つづく1967年のモントリオールで米政府が『アメリカ館』のデザインを託したのは、「宇宙船地球号」の思想を説いた発明家のバクミンスター・フラーだった。フラーは生命体のアナロジーでジオデジックドームと呼ばれる特殊な架構システムを構想する。そして次の大阪でいよいよ『太陽の塔』が姿を現した。

万博史に残る5つの代表的モニュメントを見てきた。工業技術の粋を集めたテクノロジー・オリエンテッドな建造物もあればアート・オリエンテッドな巨大造形もあるが、ひとつだけ共通していることがある。いずれもエリート建築家が遺したものではない、という事実だ。パクストン、エフェッル、ワーテルケイン、フラー、岡本太郎は、それぞれ造園家、構造技師、金属工学技師、発明家、芸術家であって、建築家ではない。

権威に支えられたエリート建築家たちは伝統や規範、保守的思考から逃れることができず、ブレークスルーの発想ができなかったのだ。これだから万博はおもしろい。

第4章

万博にはなにが求められているのか？

ネット社会の出現が大衆の情報観を根底から変えた。
もはやぼくたちは従順な「末端」ではない。
だがいまも「啓蒙」を正義と考える万博は
「答え」を示すことに血道をあげている。
ぼくたちが求めているのは強度のある「問い」だ。
「示す」のではなく「触発」するべきだ。

第1節　なぜＧＡＦＡは見向きもしないのか？

Q　最近の万博で目立っているのは、やはりＧＡＦＡなどの巨大ＩＴ企業なんですか？

万博で主役級を演じたければ見応えのあるパビリオンを奢るほかなく、莫大な出展費用を覚悟しなければなりません。身も蓋もない話をすれば、万博におけるステータスは投下資金に比例しますから、花形はつねに経済大国と大企業でした。

とりわけ20世紀に入って主戦場がヨーロッパからアメリカに移り、エンターテインメントの要素が大きくなってからは、金に糸目をつけない巨大企業が人気をほしいままにするようになります。

たとえば、１９３３年シカゴ万博が翌34年にアンコール開催したとき、最大の呼び物となった『フォード館』には万博全体の来場者数１６５０万人の７割が訪れたと言われています。もし事実なら、一パビリオンが5ヶ月間に1150万人を集客したということです。

あるいは、64年ニューヨーク世界博で一番人気となった『GM館』の出展経費として伝えられているのは当時の金額で200億円。現在の価格にして1000億〜1500億円という途方もない数字です。

来館者数は驚愕の1330万人。最近では万博全体で2000万人いけばまあいいか、という空気になっていますが、万博が元気だった時代には、たかだかひとつのパビリオンに1000億円オーダーの資金が投入され、1千数百万人の来館者を集めていたのです。

むろん栄枯盛衰があり、チャンピオンになる業種は時代とともに移り変わっています。20世紀半ばまでの主役はなんといっても自動車産業で、電気、化学などがつづきました。39年ニューヨーク万博で人気を博したのは、GM、フォード、クライスラー、ウエスチングハウス、GE、デュポン、RCAなどです。

70年大阪万博では、東芝、日立、古河などの重電メーカー、三菱、三井、住友などの旧財閥系、三和銀行、富士銀行などの銀行系が大型パビリオンを擁して面目を保ち、85年のつくば万博ではソニー、富士通、IBMなど新しい顔ぶれがエース級に躍り出ました。万博でのプレゼンスを見ればその業種の勢いがわかります。

そうだとすれば、現在のチャンピオンはGAFA（Google Amazon Facebook Apple）に代表されるデジタルプラットフォーマーのはず。しかし、インターネット革命を先導するこれらの巨大企業は、万博にまったく興味を示しません。パビリオン出展はもとより、いっさいの参加・協力から距離を置き、はっきり言えば見向きもしていないのです。

インターネットによる情報革命の推進者ゆえに、リアルなイベント、リアルな空間には関心がないのでしょうか？　もちろんちがいます。スティーブ・ジョブズがプレゼンターだったころのアップルの新製品発表会の熱気、あるいはGAFAの革新的なオフィス空間を思い出してください。デジタルプラットフォーマーのリアルイベント、リアル空間への情熱は従来産業の比ではありません。

Q　それではなぜGAFAは万博を無視するのですか？

理由はもちろん複合的だと思いますが、そのひとつはスピード感のちがいでしょう。

ＩＴ業界は展開スピードが生命線であり、開発～普及のサイクルは日増しに短くなっています。しかし万博はそうした過酷なスピード競争についていくことができません。

たとえばパビリオンを出展するには、はたから見るよりはるかに長い準備期間が必要です。パビリオンを自ら建設する場合、出展を決めるのが本番の2～3年前、内容を固めるのが1～2年前、遅くとも半年～1年前には着工し、開幕後に展示内容を変更することは許されません。すなわち展示コンテンツは1～2年前に企画されたものであり、情報の更新もままならないわけで、デジタルプラットフォーマーのビジネス感覚からすればあり得ない環境です。

もっとも【万博2・0】におけるパビリオン展示の使命は、商材そのもののプロモーションではなく企業の理念やヴィジョンの訴求だったはず。ならばＧＡＦＡだって万博で企業イメージの向上を図ればいいではないか。そう思われるかもしれません。万博には万博にしかできない機能と役割があり、そうであるからこそ今日まで生き延びてきたわけですから。

そのとおりなのですが、万博がそうした特別なステータスをキープするためには、ある条件をクリアしなければなりません。それは提供する観覧体験が「非日常的」であること。日常の生活圏では得られない特別な空間体験であることが、万博が万博であるためのたったひとつの要件です。要するに「かつてない空間」「かつてない体験」をつくれるかどうか。非日常のレベルが万博の強度を決めるのです。

じっさいかつての万博は非日常に満ちていました。「フュートゥラマ」「マジック・スカイウェイ」「イッツ・ア・スモールワールド」……。ぼくが驚愕した70年の大阪には月の石があり、フライトシミュレーターがあり、動く外国人がいました。日本全国から大阪を目指したのは、万博が強い非日常のオーラを放っていたからです。

20世紀のうちはまだ万博にアドバンテージが残っていました。しかしいまでは非日常体験の創出は絶望的なほどむずかしくなっています。ミュージアムやショッピングモールなど生活圏内の施設がパビリオン型の空間演出を積極的に取り入れていることにくわえて、さまざまな新種の体験空間がビジネスベースで続々と生まれているからです。

先ほども言ったように、いまでは水族館が巨大水槽を泳ぐ魚と映像をシンクロさせ、街中で好きなだけフライトシミュレーター体験が楽しめます。前者などは万博のような仮設では逆立ちしてもできない芸当です。こういった高品位の非日常体験が日常にどんどんバラ撒かれているのです。

いっぽうパビリオン型の展示演出技術はここしばらく進化していません。この数十年のあいだ、かつてディズニーが成し遂げたようなイノベーションは起こっておらず、空間演出の思想と技術

2015年ミラノ万博。規模・質感・コンテンツのいずれもが、かつての特別博水準だった。

はともに85年つくば万博のあたりから足踏みしたまま。じっさい直近の大型博である15年ミラノ万博の技術水準もおおむねつくばレベルでした。残念ながら、万博パビリオンの表現技術は30年前からほとんど進んでいません。

若いＩＴ企業が万博を敬遠するもうひとつの理由がこれでしょう。仮に万博で清新で革新的な企業イメージをアピールしようにも、器が古いのでそうならないじゃないか、と考えていると推察します。しかも万博はさまざまな主体による雑多なプレゼンテーションが交錯する場所。自社の世界観をピュアに打ち出すには雑音が多過ぎて不向きだとも判断しているることでしょう。

彼らは新製品を独自のイベント、独自のプ

ロモーション戦略を駆使して社会にダイレクトに投入してきました。万博というメディアをまったく必要としていないし、なんの魅力も感じていないと見るべきでしょう。万博好きとしては悔しくもあるけれど、それが現実だと認めざるを得ません。

しかし最大の問題は、そういったパフォーマンス上の話ではなく、彼らと万博との「情報観のズレ」、もっといえば「大衆の欲望とのズレ」にあるとぼくは考えています。

Q 情報観のズレ？　どういう意味ですか？

巷に溢れる「万博不要論」の多くは、「情報はインターネットで手に入れる時代。ゆえに万博は不要」「瞬時に世界の情報にアクセスできるのだから、わざわざ万博に足を運ぶ理由がない」というものです。

そういった面があることは否定しませんが、それが凋落の本質だとは思いません。その理屈からすれば、インターネットと万博は喰うか喰われるかの〝競合相手〟ということになりますが、けっしてそうではないからです。

音楽CDが売れない時代になったいま、ネットの無料配信でファンを増やし、ライブとグッズで稼ぐビジネスモデルが注目されています。この現象を見てもあきらかなように、ネットメディアと集人型メディア/体験型メディアはむしろ補完関係にあると見るべきです。デジタル革命が進めば進むほどライブメディアの意義と役割は増していくと考えるべきなのです。

もちろん、だからといって万博がいまのままで3度目の上昇気流に乗れるとは思いません。それどころか、構造改革に手をつけずに放置すれば、そう遠くない将来に絶滅する可能性が高いとさえ思います。

じっさい同年に15ヶ所も開催され、「博覧会列島」と言われるまでのブームになった日本の地方博は、1996年をもってとつじょ絶滅しました。むろん万博と地方博では成り立ちがちがうのであまり参考にはなりませんが、少なくとも博覧会という歴史あるイベントはそう簡単になくならないと考えるのはナイーヴです。

人類史上類を見ないイベントとして栄華を誇った万博が凋落してしまった最大の原因は、大衆の欲望とのズレが日を追うごとに大きくなっていること、そしてそのズレにいまもって万博界が気づいていないことにあるとぼくは考えています。

日常にはない特別な体験を期待して行ったのに、プロジェクター映像による「説明」ばかりだった。エキサイティングな未来像を見たかったのに、「流氷のうえにとり残されたホッキョクグマ」をネタに説教された。家族4人で3万〜4万もかかったのに、「このままでは地球は危ない」みたいな暗い話ばかりだった……。

「未来」がそのままエンターテインメントになる時代が過ぎ去ったにもかかわらず、万博はいまも創業以来のミッションを守り、〝社会のお役に立つ万博〟として「地球規模の課題」を論じています。事情が変わったにもかかわらず、いまも「輝かしい未来」というファンタジーに頼り、その結果、大衆が求める上質なエンターテインメントから離れつつあるのです。

そして問題の最深部にあるのは、つくり手の情報観がいまだ20世紀のまま止まっていること。万博とは送り手から受け手に情報を伝達する営みですが、いっぽうの主役である受け手の情報感性が急激に変わりつつあるのに、送り手の意識は前世紀のままで、このズレがどんどん大きくなっていると思うのです。

いまも万博を支配しているのは、中心から末端に向けた「知識の送達」を前提とするマスメディアのメカニズムであり、「中心のエリートが末端の大衆を啓蒙する」という中央集権的な情報観です。

インターネットによる情報革命は、たんに情報環境を激変させただけでなく、ぼくたちの情報感覚を大きく書き換えました。それはがん細胞のように静かに侵食し、ぼくたちのなかに不可逆的な変化を引き起こしつつあります。

情報に対する大衆の感性はこの20年で劇的に変わりました。しかし万博側の感覚は、極論するなら19世紀のまま。もしかしたらこのズレは致命的なのではないか。そしてそれこそがGAFAが見向きもしない真の理由なのではないか。ぼくは密かにそう考えています。

第2節　21世紀の情報感覚

Q――わたしたちの情報観はこの20年でどのように変わったのでしょう?

大きく3つあると思います。

第1に、「情報とは与えられるものではなく、獲りにいくもの」という感覚です。

マスメディアの時代には、末端にいるぼくたちは中心から届く完パケ情報を受け取るだけの存在でした。やっていたのはどの情報を受け取るかを選ぶことだけ。パッケージに包まれて送られてくる情報を〝箱のまま〟受け取ることに抵抗はなかったし、中心で情報をつくっているエリートたちに対する信頼も、いまとは比べものにならないくらい大きなものでした。

しかしいまはちがいます。中心が送り出す完パケ情報を無邪気に受け入れるほどナイーヴではないし、ときにはメッセージの裏に隠された事情を読み解こうとさえするようになりました。

しかも一度生産されたデジタル情報は消えることなくアーカイヴされていきます。情報はいつでも生け簀《いす》のなかを泳いでいるので、必要なときに必要な魚を探してすくえばいい。こうして情報は「選択」する対象から「捕獲」する対象になりました。

情報は空から降ってくるものではなく、主体的に探索したり捕獲したりするもの。「答え」は中心から届けられるものではなく、自ら見つけ出すもの、あるいはみんなと一緒に探し出すもの。ぼくたちはいまそう感じはじめています。

第2に、「情報とは硬いものではなく、変形可能な柔らかいもの」という感覚です。

マスメディアから届く情報は堅牢で、鍵がかかっています。新聞であれテレビであれ、読者・

視聴者がコンテンツに手を加えることはできないし、そんなことは想像さえできませんでした。

しかしデジタル情報の流通はこの感覚を根底から覆しました。いまやぼくたちは集まった情報を「素材」や「パーツ」と認識しています。それをまな板のうえにのせ、自分で料理してふたたび社会に送り返す。Wikipediaにいたっては、情報の発信者という概念自体ありません。情報には「オーナー」もいなければ「生産者」もいない、というこれまでの常識では考えられない状況が現実のものになりつつあるのです。そうなれば情報の「送り手」と「受け手」という、これまで情報流通の根幹を支えていた構造が意味をもたなくなりますし、「情報には終わりがない」「情報は完成しない」というイメージが一般化します。

20世紀までは情報とは硬質体＝Solidでした。しかしいまや変形自在な流動体＝Liquid。マスメディアの時代には想像の及ばなかった事態です。

第3に、「情報とは送達するものではなく、交換するもの」という感覚です。配達されるパッケージを受け取るだけだった時代とちがって、情報に対する現代の基本態度は「もらったら、渡す」「もらったら、返す」というもの。すなわち「連鎖」と「交換」です。底流にあるのは「知の共有」「体験の共有」、そして「集合知への期待」でしょう。

どこかへ行くとき、なにかを買うとき、レストランを選ぶとき…、ぼくたちが参考にするのはカスタマーレビューやユーザーの評価であって、自動車評論家や旅行ライターの推薦文ではありません。一握りの専門家の判断より一般ユーザーの体験情報の集積のほうが正しいし、役に立つ。そう考えはじめているのです。

背後にあるのは「権力をもつエリートだけが情報発信を許され、その特権的立場で大衆を導く」時代は終わったとの意識であり、「民衆の体験情報をシェアし、コネクトすることこそがコミュニティの利益であり、正義である」という感覚です。

Q わたしたちの情報感性が大きく変わったのだとしたら、万博のつくり手はどんなことに留意すべきなんでしょう?

念のため申し添えておくと、ぼくが言いたいのは、われわれの情報感覚に新しい種が蒔かれ、芽吹きはじめているということであって、身体のなかには従来の感覚も残っているし、マスメディアの意義やパワーが失われたわけでもありません。新しい加速度が働いているのはたしかだけれど、慣性があるので急に止まることはないし、急角度で進路変更するわけでもない。しかしこ

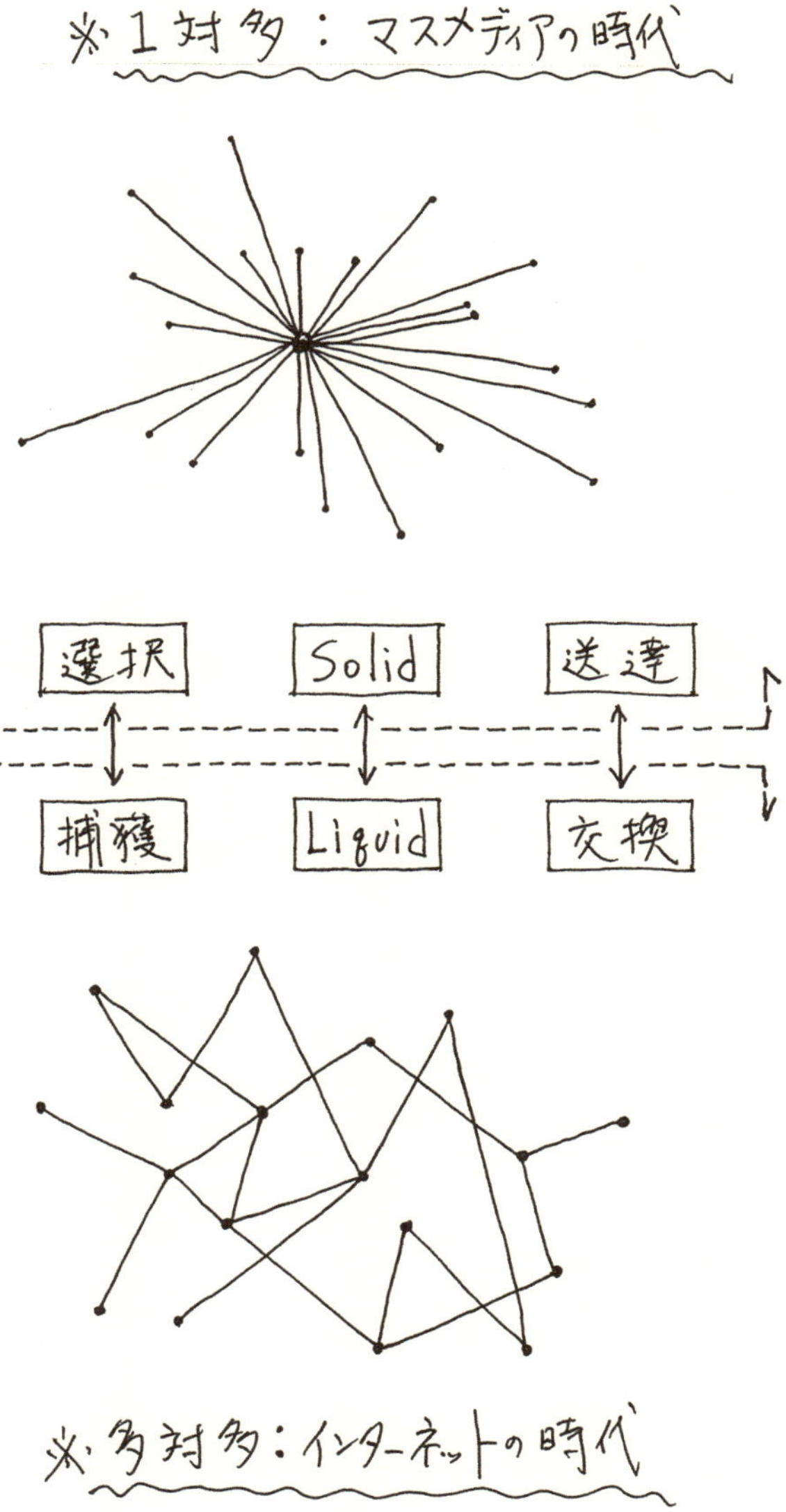
※1対多：マスメディアの時代
選択
Solid
送達
捕獲
Liquid
交換
※多対多：インターネットの時代

の変化のうねりは不可逆的で、この先ますます影響力を強めていくことは確実です。

こうした環境変化のなかで、空間というメディアをとおして情報交流を図ろうとする者はどんな心構えをもつべきか？　やはりこれも３つあると思います。

ひとつ目は、「情報を塊にして届けようと考えない」こと。要するに「あえて完パケにしない」という発想です。

完パケとは「完全パッケージメディア」の略で、つくり手が完成させた情報をそのまま塊にして送達すること。同一情報を大量かつ安定的に供給するメカニズムです。マスメディアはもとより、映画、書籍、音楽ＣＤ…など、日常で接する情報の過半は完パケとして届きます。

完成品をマスに向けて一斉配給する、という思想の底流にあるのは「中心から末端へ」という中央集権的な方向感覚です。新聞、テレビ、映画、書籍などは完パケにするほかないし、それが本来の役割でもありますが、ライブ感覚を発動させる可能性を秘めた万博パビリオンまでそうしなければならない理由はありません。

大切なことは、「完成した情報を送達する」「用意した文脈を理解させる」というスタンスで臨まないこと。情報は素材でありとりにいくもの、相互に反応しながらつなげていくもの、と認識されていることを前提に、情報を柔らかくルーズな状態に保ち、揺れ、隙、遊びを許容することが必要です。

このポイントは、ふたつ目の心構え「〝伝えたら終わり〟と考えない」、すなわち「情報連鎖の誘発を狙う」ことにつながります。

現代の観客は吸音材ではなく反射板のようなもの。けっして「情報を吸収するだけのスポンジ」ではありません。一人ひとりが、受け取った情報を増幅したり変形したりしながら情報とアクティブにかかわっていく一種のメディアですから、「伝えたら終わり」ではなく「いかにして次のアクションを誘発するか」を考えるべきです。

ではいったい、どういうときに観客は「受け手」から「メディア」に変わるのでしょう？　観客が情報シェアに向かうモチベーションとはなにか？

考えるべきはマス広告の逆です。「広く、浅く、均一に、だれにも、おなじメッセージを」ではなく、観客に「自分のために、自分がつかんだ、自分だけの、特別なもの」と感じさせること。鍵になるのは、情報との濃密な接触をとおして、自らの感性で文脈を掴みとり、自分との関係において意味を発見した、と観客自身が実感することです。

観客が「自分で掴みとった」と感じる体験空間をつくり出すうえで決定的な条件が、心構えの3つ目「情報の送り手と受け手という枠組みから発想しない」、すなわち「情報を授けるものと考えない」という態度です。

要するに「情報の送り手の仕事は相手にメッセージを打ち込むことであり、こちらの主張をしっかり刻印することだ」などとは考えないほうがいい、ということです。

Q――現在の【万博2・0】は「空間体験をとおしてメッセージを伝える」ものですよね？　だとすれば、「メッセージを打ち込む」ことが万博のミッションなのではないですか？

たしかにこれまでの万博はそうでした。30年代に胎動をはじめた【万博2・0】は、空間演出技術の進化とともに発展し、「展示のメッセージ化」「メッセージの体験化」を武器に20世紀を生き抜いてきたことはお話ししたとおりです。

問題は、マスメディアのメカニズムと20世紀の情報観を前提に組み立てられた【万博2・0】が、現在も体質を変えていないこと。それがいま起きつつある凋落の本質であり、大衆社会とのズレの核心なのではないか、とぼくは考えているのです。

その最たるものが、「中心にいるエリートが末端の大衆を導く」という情報観であり、万博を「情報を授ける場」とみなす態度です。

ある海外の仕事で一緒になったキャリア官僚がこの典型でした。彼は「観客全員に日本の主張を凝縮した〝2行のメッセージ〟を叩き込みたい。出てきた観客全員がその2行を言えるようにして欲しい」と言ったあと、こうつづけました。「全員におなじメッセージを伝えるためには、全員におなじ体験をさせねばならない。だからベルトコンベヤーのように、放っておいても全員がおなじものを見るようにしろ」と。

この人は大衆を簡単にコントロールできると思っているし、与えれば吸い取り紙のように吸い取ると考えている。しかも他国・他民族に対してもそれができると信じている…。ぼくは唖然としました。日本のエリート官僚の想像力はこの程度なのかとがっかりもしました。もし冗談で「それなら展示などやめて、〝2行のメッセージ〟をでっかく書いた革命のポスターみたいなものを壁中にベタベタ貼れば？」と言ったら、真面目に検討したかもしれません。とにかく「メッセージ」という言葉が大好きな人でした。

彼の考えを支えているのは、情報は一義的なものであり、そうあるべきだというナイーヴな情報観です。出口で10人中8人が「2行のメッセージ」を答えられたら成功で、ふたりなら失敗。2行を正確に反復できたら合格で、少しでも解釈が加えられていたら不合格。まさに漢字検定の世界です。

小説でも映画でもそうですが、「コレが作品のテーマです」「わたしが言いたかったのはこういうことなんです」と作品のなかで連呼するなんてあり得ないし、そんなことを自分で口に出したらおしまい。

もちろんつくり手はいろいろな意味を注ぎ込んでコンテンツを構築するわけですが、受け手はそれぞれの立場からそれを解釈しながら理解します。おなじものを見てもなにを感じるかは人それぞれであって、一方的かつ一様にメッセージを打ち込むことなんてできないし、おなじものを見せれば全員がおなじように、あるいは制作者の意図どおりに受け取ってくれるはずだと考えるのはあまりにナイーヴです。

そもそも「ポイントはコレだ」「コレを正しく覚えて帰れ」というのは教科書や参考書の構造であって、メディア空間の仕事ではありません。教材ビデオならそれでいいけれど、万博の役割は教材ビデオをつくることではない。もしほんとうに「2行のメッセージ」の伝達が目的なら、冗談ではなく〝革命のポスター〟で空間を埋め尽くし、パンフレットやビデオを配るほうが合理的なのです。

Q　21世紀の万博がやるべきことは「啓蒙」ではない、ということですね？

考えるべきは情報を相手に「打ち込む」ことではなく「Share」すること。Shareとは相手も自分の問題としてその情報に向きあうという状況です。

そうなるためには、届けるのではなく捕獲してもらわなければならないし、覚えるのではなく「あ、わかった！」と腑に落ちてくれなければなりません。もしメッセージというなら、「オレの言い分を覚えて帰れ」ではなく、「いま話しているのはオレの考えだけど、キミにも関係あることかもしれないから、よかったら一緒に考えてみない？」というものであるべきです。「これが正解だ」と口角泡を飛ばしたところで、相手が自分自身にかかわる問題と認識してくれなければスルーされたのとおなじ。必要なのは「通知」や「送達」ではなく、「Share」であり「対話」です。

もちろん商品のスペックや企業のＩＲのように、事実を正確に伝達することを使命とする情報訴求もあります。あるいは映画のように完パケにしなければ意味をなさない形式もあるでしょう。しかしそれは空間メディアの仕事ではありません。スペックを伝えたいなら紙を配ったほうがいいし、「2行のメッセージ」をアジテーションしたいなら別のメディアを探すべきです。

万博を「ターゲット」に「メッセージ」を「デリバリー」する道具だと考えないほうがいい。ターゲットではなく共に考える「パートナー」であり、メッセージではなく共に語りあう「話題」であり、デリバリーではなく「共有」です。目指すべきは「パートナーと話題を共有する」状況なのです。

情報が正しく伝わることも大事だけれど、より大切なことはその情報が触媒となってつぎつぎに情報が再生産されていくこと。「2行のメッセージ」を知って終わりではなく、「それは自分にとってどんな意味をもつのか」「それが自分にもたらすものはなにか」といった反応が連鎖し、次のアクションへの引き金になる状況です。

そう考えるなら、「私は○○を知っているから教えよう」というアプローチ、すなわち「知る者が知らざる者にメッセージする」という図式そのものを見直さなければなりません。やるべきことは相手を説き伏せる「レクチャー」ではない。大声を張りあげて演説し、観客に言いたいことを叩き込むのではなく、なにかに気づいてもらい、共感を得る。

「発見」から「共感」へ、そして「感動」へ。それが理想のプロセスです。

第3節　「答え」から「問い」へ

Q　感性が変われば「欲望」も変わるということですね?

「インターネット時代の万博」というと、パビリオン内の展示コンテンツをネットと連動して展開するとか、展示とスマホをつないでコンテンツ情報をやりとりするとか、スマホを使って集めた観客のレスポンスをリアルタイムで展示に反映させる、といった類の話になりがちですが、ことの本質はそんなことではありません。

情報のデジタル化とインターネットの出現は、新しい感性をぼくたちのなかに宿らせました。いま進行中の情報革命とは、技術革命であると同時に意識革命であって、両者がクルマの両輪となって暮らしのありようを変えつつあるのです。

感性が変わればとうぜん欲望も変わります。これからの万博が考えねばならないのは、新たな欲望とはいかなるものかを掴みとり、それに応えるメカニズムを考えること。数千円の入場料を払った観客に対して、「流氷にとり残されたホッキョクグマ」の写真を見せて道徳を導いた気分になったり、ネット検索で出てくる程度の「解決策」を掲げて満足したところで、なんの足しにもなりません。

今世紀に入って、観客の表情や態度は大きく変わりました。

韓国ではじめて開かれた1993年大田《テジョン》万博の会場で眼にした韓国民の表情をぼくはいまも忘れることができません。88年のソウルオリンピックにつづいてはじめての万博を成功させつつある状況のなかで、彼らはあきらかに高揚していました。誇らしそうな表情で「よい冥土の土産ができた」と話してくれた老婆の笑顔を思い出します。

ところが20年後の2012年麗水《ヨス》万博の空気はまったくちがっていました。会場を歩く観客たちの表情に非日常の高揚感はほとんど見られず、若者たちはパビリオンのメイン映像を見ながら携帯電話をいじり、昔ながらの大仰な演出には失笑するといった具合です。「2回目だから」という言い訳で説明できる差でないことはあきらかでした。

現場で観客たちの素直な反応に接し、ぼくはあらためて万博の置かれている状況を思い知らされました。あとから写真やビデオを見てもわからない観客の生々しい表情の変化は、リアルな現実であり、動かしがたい事実だからです。

3年後に開かれた大型の15年ミラノ万博は、スケール感、グレード感、クオリティ感のどれをとっても20世紀の特別博レベルで、2150万人というやはり特別博レベルの数字を残して終わりました。当初13億ユーロを見込んでいた収入が4・5億ユーロにとどまったことを見ても、大成功と胸を張れる結果でなかったことはたしかでしょう。

なぜこうなってしまったのか? 答えは、「万博がどんどんつまらなくなっているから」。じつにシンプルな話です。

19世紀に生まれた万博が世紀を超えて影響力を行使しつづけてこられたのは、為政者の思惑と大衆の欲望が蜜月の関係を取り結んでいたからです。しかし、いまの万博にあるのは権力サイドの思惑だけで、大衆の欲望に対する眼差しを著しく欠いていると言わざるを得ません。

Q― 大衆はなにを望んでいるのでしょう?

いま世界でなにが起きているのか？　近未来になにが起きるのか？　それは社会をどう変えるのか？　人類の未来はどうなるのか？……。

万博はこれまで一貫して「答え」を見せてきました。「公衆の教育」のために「将来の展望」を示すことが万博のミッションであり、なにより観客である大衆が魅力的な「答え」を求めていたからです。

【万博1・0】では、モノが「夢のような未来の暮らし」を疑似体験させてくれたし、【万博2・0】になってからは、空間を使って「輝かしい未来のヴィジョン」が表現されてきました。

いつもワクワクする「答え」を見せてくれる万博は、「受け手」にとっては最新情報を魅力的なエンターテインメントとして届けてくれる比類のないメディアであり、「送り手」にとっては届けたいメッセージを効率よく打ち出すことができる画期的なメディアだったわけです。

さきほど「19世紀に生まれた万博が世紀を超えて影響力を行使しつづけてこられたのは、為政者の思惑と大衆の欲望が蜜月の関係を取り結んでいたからです」と言いましたが、それが可能だったのは、中心にいる権力サイドに魅力的な「答え」を生産する力があり、それを末端の民衆が諸手を挙げて歓迎したからです。

ところが、いまや情報エリートたちは大衆を沸かせる希望に満ちた「答え」を示すことができず、いっぽうの大衆はそもそも完パケの「答え」を求めていない、という状況にあります。「技術がひらく夢の未来」というコンセプトで結ばれていた幸福なマリアージュが足元から揺らいでいる。これは足掛け3世紀にわたる万博の歴史ではじめて経験する事態であり、万博のスキームを根底から揺さぶる環境変化です。

それでもなお、万博は未来を描こうとします。さすがに「夢のような未来が待っています」とは言いにくいので、環境問題、食糧問題、健康問題などに関する「課題解決」を語るわけですが、かつての原子力や宇宙開発のように大衆を高揚させる力はありません。はっきり言って、話がおもしろくないし、説教くさい。

生き延びるためには、まして「進化」するためには、生きもの同様、環境変化に追随する遺伝子レベルの自己変革が不可欠です。およそ80年前、陳列と実演だけでは社会の要請に応えることができないと知って【万博2・0】へと飛躍したときのように。

これまでのように無邪気に夢の未来を描くことができないなら、そこから脱却して新たな駆動原理を見つければいいではないか…。

普通はそう考えるだろうと思います。しかし万博はそうしてこなかったし、いまもそうした動きは見られません。それどころか、むしろ時代に逆行しようとしているようにさえ見えます。その典型が1994年の総会以来、BIEが掲げる「万博はたんなる産業技術のショールームではなく、地球規模の課題を解決する場である」とするコンセプト、すなわち「課題解決型万博」という概念です。

たかだか半年のイベントで「地球規模の課題」が「解決」するはずがないじゃないか、という〝そもそも論〟は脇に置くとして、ぼくが問題だと思うのは発想の底流にある「大衆にソリューションを示し、それに向けて行動するよう導く」という態度です。

情報をもつ権力者が大衆に知識を授ける。中心にいる情報エリートが特権的な立場から大衆を啓蒙する。「答え」を知る者が知らざる者にわけ与える…。

万博はいまもこのメカニズムを有効と考えており、それを強化することで現在の難局を乗り切ろうとしている。この構図こそが「万博と大衆社会のズレ」の本質です。

万博が為すべきことは解決策の提示などではない。

これからの万博の価値は「答え」ではなく、むしろ「問い」のほうにある。ぼくはそう考えています。

Q 「答え」ではなく「問い」ですか？

未来に向けた価値ある「問い」を放射できるか？　もしいまも万博に意義があるとすれば、その一点においてのみである。それがぼくの考えです。

なぜいまの万博はつまらないのか？　なぜ力んだプレゼンに観客は失笑するのか？　なぜ閉幕したあとになにも遺らないのか？……。

一言でいえば、現在の万博は「なぜ困っているのか」と「なにを知っているか」を話しあっているだけだから。だからおもしろくないし、次につながらないのです。

ＡＩ、ロボット、自動運転、ビッグデータ…。21世紀の技術はたしかに凄いかもしれないけれど、どこまでいっても課題に対する手段の合理性を語っているに過ぎません。万博がこの手の技術をもち出して、ロジックとファクトで「課題解決」を語るとしたら、それはすなわち「手段のバリエーション」をみんなで見せあい、その合理性を論理的に「説明」することにほかなりません。

それ自体に意味がないとは言いませんが、一方では、はたして「手段の見本市」に大衆をひきつける魅力があるか？　家族4人で1日3万〜4万円を払いたいと思うか？　について考えてみなければなりません。単純な話、「地球規模の課題をＡＩで解決しよう！」という物語にぼくたちは感激するだろうか？　ということです。

フジロックフェスティバル、瀬戸内国際芸術祭、コミックマーケット…。他ジャンルに眼を向ければ、大衆から支持され、話題を提供しつづけているイベントは数多くあります。いずれもインターネット上のコミュニケーションがきわだって活発であり、まるでネットと呼応するかのように存在感を高め、動員を伸ばしていることが特徴です。共感するファンやリピーターが多いことも特筆すべきでしょう。

これらに共通しているのは、「完パケ」情報の垂れ流しから逃れようとしていること。観客が自ら情報を探索・捕獲し、発見する喜びを最大化しようとしていること。なにより「問いの強度」があるコンテンツを揃えようとしていること。

つくり手に「情報を授ける」「用意した文脈を理解させる」などという発想は皆無なはずですし、情報の「オーナー」だという意識もおそらくないでしょう。考えているのは、現場に足を運ばなければ手に入らない刺激的な情報＝体験をどれだけ積層できるか、だけだと思います。もちろん情報の位置づけは「完パケ」ではなく「素材」であり「パーツ」です。

透けて見えるのは、つくり手が意識しているのは触発的な素材の提供であり、それを受け取った観客が自分だけの「物語」を思い描く、という構図です。「与えられた」のではなく「自分で掴みとった」と感じるから、創造的な感性が発動し、知的なよろこびがこみあげてくる。現場を体験した者にプレゼントされる「圧倒的な情報格差」を手にしたことで、情報シェアへのモチベーションが掻き立てられる。そして非日常の快楽を提供してくれたイベントそのものに共感を覚える。驚異的な動員と強い支持の背後にあるのは、大衆の欲望に響くこうしたメカニズムです。

情報とは「送達」するものではなく「交換」「連鎖」するものであるという感覚と、「イベントの仕事は単純なメッセージデリバリーではない」という意識。

重要なポイントは、成功しているイベントがいずれも「良質な問い」に満ちていることです。それが『発見』から『共感』へ、そして『感動』へ」という回路をひらくのです。

万博という知的エンターテインメントにあって、とりわけ新たな情報感性を身につけた現代の大衆の共感を呼び込むうえでは、「答え」より射程の長い上質な「問い」のほうがはるかに価値がある。人は問いが立てられたときに知のステージに立つからです。誤解を恐れず言い切ってしまえば、知的活動においては「問いの強度」こそが大切なのであって、「答え」の合理性や緻密さなど問題ではありません。

これからの時代を生きていくうえで大切なのは「課題を見つける力＝問いを立てる力」であり、人間の真価はますます「課題を創出する力」で問われることになるでしょう。

ぼくたちは、すでに「『答え』を追いかける側から『問い』を投げかける側になりたい」と願いはじめています。ジワジワと進む情報観のシフトがそうさせているのです。

Q ― 〝万博新世代〟に向けた新たな取り組みははじまっているのでしょうか？

ムーヴメントとは言えないまでも、単発の試みはいろいろはじまっています。

たとえば2000年ハノーバー万博のテーマ館のひとつである『Knowledge館』や『スイス館』では、万博展示の根幹にある「プレゼンテーション」の概念から離れたクリエイティブな体験空間を提案していました。

『Knowledge館』では、体育館のような大空間に、半透明のクラゲのようなボディをもつ自律走行ロボットがウヨウヨしています。人間が手で押しやったり、他のロボットに遭遇したりすると、色を変えたり言葉を表示したりといった具合に表情や動きを変えるのですが、相互の意思や偶然が状況を決めるため、次になにが起こるかを予測することができません。ぼくたちが日々行っている複雑なコミュニケーションの営みが、物理的かつ原理的に視覚化・体験化されるというじつにおもしろい経験でした。

インタラクティブな空間体験でコミュニケーションの原理を体感させる『Knowledge館』(2000ハノーバー)。

『スイス館』に展示はなく、あるのは体験のみ（同上)。尖ったコンセプトをそのまま実現させている。

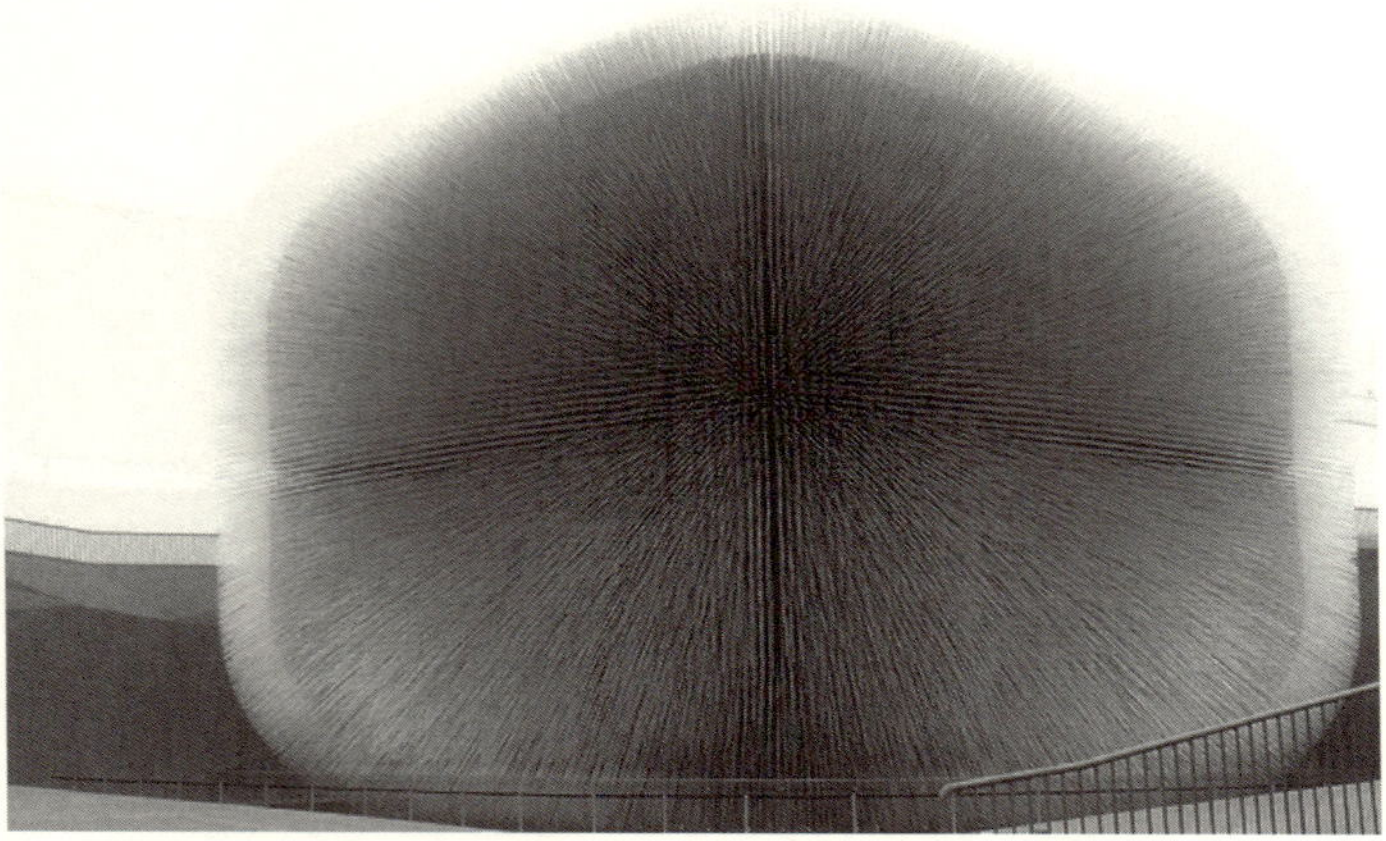

ハリネズミのような『イギリス館』(2010上海)。愛称は『種子大聖堂』だ。

建築家ペーター・ズンドーの手による『スイス館』は、材木を交互に組みあげただけの壁と、それがつくり出す迷路のような狭い通路があるだけです。テーマは『身体の音色』。迷路を歩くと、スイスの古楽器を演奏するパフォーマーたちに出会い、パフォーマー同士が出会えばコラボレーションがはじまります。それだけで、展示はいっさいありません。

迷路の散策、偶然の出会い、懐かしい音色、差し込む光…。こうした非日常体験こそ現代の万博展示にふさわしい。そう考えたのでしょう。

10年上海万博の『イギリス館』はさらに刺激的でした。建築家トーマス・ヘザーウィックがデザインしたパビリオンは、建物の内外

『イギリス館』内部。6万本のアクリル棒に種子が封入されている。

を6万本のアクリル棒が貫いています。中も外もアクリル棒がむき出し。ハリネズミのような異様な建築です。

驚かされたのは、アクリル棒の先端に1本ずつ異なる植物の種子が封入されていたこと。消えゆくものを含む6万の〝いのちのもと〟がつくり出す刺激的な空間が観客を包み込むのです。従来の概念では分類も説明もできない独創的な建築は、「ノアの箱船」を連想させるものでした。このストイックで芸術的な建築の名は『種子大聖堂』。

この試みが中国の大衆に共感されたとは思いませんし、それは制作サイドもわかっていたと思います。それでもあえてこうしたアプローチで臨んだのは、「万博を意義あるものとするにはなにをすべきか」を真摯に考えたからにちがいありません。いままで保守的だったイギリスが、突然変異のように尖った前衛表現を出してきたことに、ぼくはある種の良心を感じました。

蛇足ながら同時代の日本の状況を簡単に見ておきましょう。先ほど少し触れましたが、05年愛知万博のようすです。

人気を博した演し物は、「楽器を演奏するロボットをショー仕立てで見せる」「ミラー効果を使った映像を壁や天井に映す」「ジオラマと3DCGを組みあわせて自然の旅を疑似体験化する」「映像と炎をマジックと組みあわせる」…といったもの。ストーリーも「地球温暖化の危機と、それに立ち向かう人類の英知」「生態系が崩壊した地球に戻った人類の子孫がふたたび地球を生き返らせる」といったものでした。

あいかわらずの〝ザ・万博パビリオン〟です。技術、思想、ストーリー…いずれをとっても20年前のつくば万博のままで、上海万博イギリス館の問題意識とは比べるべくもありません。

いずれにせよ、ここに挙げたような新たな試みは散見されるレベルであって、ムーヴメントと呼べるような動きにはなっていませんし、ましてこれが【万博3・0】の萌芽だなどと言える状況にはありません。

しかし、こうした革新的なパビリオンはいずれも「強度ある問い」を武器に、芸術的なアプローチでつくられていることだけはたしかです。共通するのは、レンジの長い根源的な問いかけをしていること、安直な答えあわせを拒んでいること、なにより「啓蒙」ではなく「対話」に情熱を傾けていることでしょう。

半世紀を過ぎてなお強烈な存在感で見るものを挑発する太陽の塔がなによりの証左です。太陽の塔は「万博のこれから」を考えるときに参照すべき最良の指針だと思います。

Q　太陽の塔がこれからの万博を考えるうえで良き指針になるとはどういう意味なんでしょう?

2018年3月、大阪万博の閉幕以降門を閉ざしていた太陽の塔の内部公開がはじまりました。大きく傷んでいた内部空間がようやく修復を終え、常設の展示施設としてふたたび観客を迎え入れることができるようになったのです。

太陽の塔が『テーマ館』というパビリオンの一部としてつくられたことは先にお話ししたとお

りですが、じっさい内部に壮大なディスプレイ空間を擁していました。中心にあるのが高さ41mの『生命の樹』です。

1本の樹体に、単細胞生物から人類まで、生物進化の歴史を辿る33種の生きものがびっしり実っている、という空前絶後のオブジェです。観客はエスカレーターを乗り継ぎながら、始原のときから連綿とつづく生命《いのち》の物語を体感する、という仕掛けでした。

原生生物が揺らぐ「原始の海」から哺乳類まで、下から上に向かって進化していくのですが、ステレオタイプの進化論を造形化した単なる「生物進化模型」ではありません。まったく逆です。どんな生きものも1本の樹に連なる等価な存在であって、優劣なんかない。自分の足元をよく見てみろ。40億年におよぶ「いのちの歴史」とつながっているんだ。生きもののなかには単細胞時代から営々とつづく「いのちの時間」がすべて織り込まれているし、それがそのまま未来に受け継がれていく。いまこの瞬間に過去と未来のすべてがあるんだ。

生命の樹はそう言っています。「アメーバは下等で、人間が最上級」という常識とは無縁。それどころか真逆と言ってもいいくらいです。じっさい岡本太郎が敬愛するアメーバは1・5mもの大きさなのに、最上部に立つ人類はわずか数十センチ。なにより樹上に服を着るわれわれ現代人の姿はなく、クロマニョン人で止まっています。

再生された太陽の塔の内部。『生命の樹』が観る者の思考を未来へと誘う。

「なぜぼくたちはここにいないんだろう?」。だれもがそう思いますが、答えはありません。太郎は核心部分を見る側に問いかけているのです。

おなじように、「いのちの歴史」を一望した観客はだれしも「多くの生きものが姿を消し、姿を変えてきたけれど、この先はどうなるんだろう?」「"こうして受け継がれてきた〝いのち〟をどうすれば未来につないでいくことができるんだろう?」……と思いを巡らせます。なかに入れば、みなさんもかならずそうなります。

この体験こそが、これからの万博に求められるメカニズムです。この空間には未来についての「答え」はいっさいありません。未来を説明しよう、啓蒙しようなどという意志がかけらもないからです。空間に満ちているのは普遍的・本質的・根源的な「問い」だけ。しかし観客が思いを馳せるのは例外なく「未来」です。

未来の「み」の字も書かれていないのに、人類の未来を考えさせてくれる。説明ではない上質な問いかけで観る者を触発する。なによりネットではけっして代替できない特別な空間体験に満ちている。だから支持され、共感されるのです。そしてそれこそがこれからの万博が為すべきことだとぼくは考えます。

Q これからの万博がやるべき仕事は「未来の解説」ではない。観客一人ひとりが、それぞれの立場で、それぞれの未来やみんなの未来を考えはじめるきっかけを提供することだ。そういうことですね？

「なぜ困っているのか」「なにを知っているか」をレクチャーする代わりに、観客が自ら課題を発見し、考えはじめる契機となる上質で強度のある「問い」を打ち出すべきです。未来を「絵解き」するのではなく、観た者それぞれが未来について思いを馳せるよう「触発」する。それ以外に万博が生き残る道はおそらくないでしょう。

万博の仕事はもはや「知識の送達」ではないし「未来の絵解き」でもない。「技術の進歩が幸せな未来をひらく」という物語にとらわれる必要はないし、「近未来の疑似体験」という方法からも自由になっていい。核に据えるべきは「課題解決」などという建前や手段の話ではなく、パーソナルで強力な意志が発露する問題意識であるべきだ。太陽の塔や上海万博イギリス館などを見るにつけ、日増しにそう感じるようになりました。

もちろん万博のミッションは「公衆の教育のために将来の展望を示す」こと。国際博覧会条約の定める定義ですから、ここから外れるわけにはいきません。しかしそう定義されているからといって、解決策を絵解きしてみせなければならない理由はない。『生命の樹』や『種子大聖堂』だって立派な「将来の展望」です。

ふたつに共通しているのは、「パーソナルな問題意識」がそのまま結晶していること。岡本太郎がつくった生命の樹はまさにそのとおりですし、詳しい経緯は知らないけれど、種子大聖堂もきっとそうだったにちがいありません。役人の会議であのようなアイデアが出てくるはずがないからで、おそらくトーマス・ヘザーウィックの発案がほとんど雑音を受けることなく実現したものと推察します。

太陽の塔が登場したとき、「国の金を使い、国の広場を使って、なぜ岡本太郎的なものをつくるのか！」と批判する美術家たちに対して、太郎は「なにを言うか。個性的なもののほうが普遍性をもつのだ」と反論しました。そのとおりだと思います。生命の樹も種子大聖堂も、ともにパーソナルな問題意識と強い意志が高い純度で結晶しているがゆえに、高度な普遍性と問いの強度を獲得しているのです。

考えてみれば、19世紀に工業社会への先導役として生まれた万博を支えてきたのは『生産』の論理とメカニズムでした。遺伝子に書き込まれた3つの思想、すなわち「工業社会の進歩観」「大衆啓蒙への情熱」「テーマによる奉仕」も、もとを辿ればこの出自によるものです。

しかし、「工業社会への憧れ」と「進歩の正義」という駆動原理にかつてのような推進力はないし、大衆がふたたび「情報を吸い込むだけのスポンジ」に戻ることはありません。「工業社会の進歩観」と「大衆啓蒙への情熱」に決別する覚悟をもたねばならない。

さらに言えば、各パビリオンが「パーソナルな問題意識」と「問いの強度」で勝負する環境をつくるうえでは、万博が金科玉条にしている「テーマ」の是非にまで踏みこまざるを得ないでしょう。詳しくは別の機会に譲りますが、テーマもまた、かつてのようには機能していないからであり、むしろないほうがいいのではないかと思われる事態が散見されるからです。

もちろん「万博とはテーマに対する答えをもち寄り議論する場である」というコンセンサスに修正を加えるのは絶望的なほど困難で面倒な作業であり、ほとんどリアリティがないと見るべきかもしれません。しかし、そのくらい根本的なところから議論をはじめない限り、万博が新しいフェーズに、すなわち【万博3・0】にジャンプすることはできないし、そうならなければやがて「老衰」に向かうこともまたたしかなのです。

ぼくたちは「パーソナルな問題意識」と「問いの強度」だけで勝負している営みを知っています。芸術です。

20世紀までの『生産』に代わって、21世紀の万博には『芸術』の論理とメカニズムが必要なのだとぼくは考えます。

太陽の塔や種子大聖堂のような尖ったパビリオンが20館立ち並ぶ万博を想像してみてください。行ってみたいと思いませんか?

3つのシナリオ

〝万博マフィア〟重鎮による「万博は死の床にある」との宣告（☞P225）から20年。万博は徐々に体力を失いながらも、なんとか倒れずに踏みとどまっている。加速度はマイナスだが、巨艦ゆえすぐには止まらず、慣性の力で前に進む、といったところだろう。

このまま状況が変わらなければ、すなわち抜本的な改革がなされなければ、長い眼で見たときに取り得る道は、おそらくふたつだろうと思う。

ひとつは「老衰」だ。いまはまだ〝おつきあい〟をつづけている先進国が櫛の歯が抜けるように撤退をはじめ、コンテンツの強度が落ちていったあげくに主催を望む国が徐々にいなくなる、というシナリオである。

もちろん、すぐにそうなるとは思わないが、集客コンテンツの供給元である先進国と大企業が手を引いたら、あながちあり得ない話ではない。じっさいオリンピックは費用対効果の観点から立候補する国が激減しており、このままではやがて立ち行かなくなるとの危機感を隠せないところまで来ている。「どこかに恒久的な専用会場をつくり、輪番制をやめて毎回そこで開催すればいい」といった議論さえ出はじめているらしい。

だが万博の場合、先進国と大企業のエネルギーがいま以上にドロップしたとしても、手を挙げる国がとつぜんゼロになるとは考えにくい。万博主催に憧れる途上国はいまも少なくないからだ。途上国の大衆は万博を見たことがないし、体験レベルの点でも、先進国ほどには視線は厳しくないだろう。なにより自国での万博開催は、大衆の精神に大きな自信と誇りを育む。万博をやりたい為政者は世界に数限りなくいる。

じっさい21世紀になって初開催の途上国が表舞台に登場しはじめていることは見てきたとおりだ。本書で語ってきた万博の盛衰はすべて先進国の物語であって、途上国は蚊帳の外だったが、これからはちがう。

これからつづく途上国万博が及第点を取ることができれば、今後、より国力の小さい国々を含めて続々と名乗りをあげることは間違いない。それがもうひとつのオプション「禅譲」である。西洋先進国が途上国に万博の主導権を譲り渡す、というイメージだ。万博が途上国をサーキットするイベントとして生き延びる、という可能性は小さくない。場合によっては、移動サーカスのように巡回のためのパッケージ化が進むかもしれない。

むろん途上国が欧米日と同水準の万博をつくることはむずかしい。規模やグレードはさらに下がるだろう。言い換えれば「金のかからない万博」になるわけで、そうなれば「その程度なら」と先進国も〝おつきあい〟をつづけるかもしれない。いずれにせよ、それはもはやかつての万博とは別種のイベントと言うべきだろう。

ところで、いまの話はあくまでも「現在の状況が変わらなければ」という前提に立ったときの見立てである。もし状況が根底から変われば、とうぜん別の可能性がひらける。

万博が取り得る第3のオプション。それが「世代交代」だ。繰り返し語ってきた【万博3・0】へのシフトである。

コンセンサスが醸成されているわけではないし、明快なヴィジョンが確立しているわけでもないが、万博を三たび上昇気流に乗せるにはそれしかない。ぼくはそう考えている。そして2025年の大阪万博がその先導役を果たすことを心から願う。

【万博1・0】から【万博2・0】へ。かつて万博は構造レベルの変革に成功し、世代交代を経験した。もしあのときイノベーションが起こらず、その後も19世紀の万博像にしがみついていたら、いまごろ万博は絶滅していただろう。

25年万博を意味あるものにしたければ、リスクをとって新しい万博像にチャレンジするほかない。

終章

21世紀の万博を望む7つのビューポイント

万博論議を意味あるものとするために

開催が決まると万博論議はWhat＝「なにを見せるか」だけになる。
だが意義を担保するのはWhy＝「なぜ開くのか」であり、
創造的な強度を支えるのはHow＝「どのようにつくるのか」だ。
万博論議を意味あるものにするために、
なにより新しい万博像に一歩でも分け入るために
つくり手がもつべき7つの視座をピックアップする。

大阪開催が決まった2025年万博は、いままでの構想・誘致段階から本格的な計画・準備段階へとフェーズが変わります。これから万博に関心をもつ人が増えていきますし、この万博となんらかのかかわりをもつ「関係者」の数も飛躍的に増大します。進行状況をウォッチするメディアが種々の問題提起をする一方で、産学官から一般市民に至るまで、さまざまな意見表明が相次ぐことでしょう。

むろん賛否両論です。「万博には社会を変えるパワーがある」と説く人もいれば、「万博なんて老人のノスタルジー」と切り捨てる人もいますし、論点も多岐にわたるはず。論議は日を追うごとに活発になっていくにちがいありません。

いうまでもなくもっとも重要な論点は、「この時代に開催に値する万博とはいかなるものか」。バブル期の地方博ブームのように「考えなくてもヒットは打てる」状況にないことはだれの眼にもあきらかです。前例のトレースで上手くいくと考える者はなく、「旧来のやり方に未来はない」という一点については衆目の一致するところでしょう。

25年万博を意味あるものにしたければ、新しい万博像をひらくほかないのです。それはけっして一部の学者や評論家の仕事ではありません。万博とは役割を異にする膨大な数の参加者が共同してつくるものであり、その全員が当事者だからです。多岐にわたる参加者のいずれもが自らの問題として万博と向きあい、そのありようを問うことなくして新しい万博像に近づくことなど不可能です。

万博開催が決まると、論議はほとんどコンテンツ＝「なにをつくるか」「なにを見せるか」＝Whatだけになります。「今度の万博がなにを見せてくれるのか知りたい」のは人情ですし、じっさいそれが世の中の関心の度合いを決めるわけですから、しごくとうぜんです。

しかし一方で、その万博がたんなる空騒ぎに終わらず、社会や地域に有形無形の遺産を遺せるか否かは、ひとえに戦略と志＝「なにをめざし、なにを遺そうとしているのか」＝Whyにかかっています。これまでお話ししてきたことの過半は、まさしくこの領域に属しています。

そしてもうひとつ、その万博をクリエイティブで挑戦的なものとするために、すなわち万博に創造的な強度を与えるうえで大切なのは、万博と対峙するときの姿勢と態度＝「どのような心構えで臨むか」＝Howです。

本書を締めくくるにあたり、ぼくなりに考えた、21世紀の新しい万博を考える際に心に留め置くべき7つのポイントを挙げたいと思います。「なにを見せるか」ではなく「どうつくるべきか」。じっさいにビジネスとして万博にかかわる人はもとより、25年万博を関心をもってウォッチしようと考えるすべての人に向けて、「いま万博を考えるときに必要なこと」をお話しします。

1　万博への認識をめぐる世代間ギャップを忘れない

万博をめぐる論議を見ていつも気になるのは世代間のギャップです。おなじ「万博」という日本語を使って議論しているにもかかわらず、それぞれの脳裏にあるイメージが噛みあっていないと思われる状況によく出くわすのですが、ほとんどの場合、それは世代間による万博体験のちがいに起因しています。

70年万博を体験したぼくから上の世代は、この単語を耳にすると反射的に大阪万博の記憶が呼び起こされ、無意識のうちに大阪万博をベンチマークに万博論議をはじめてしまうのですが、むろん若い人たちはそんな〝脊髄反射〟とは無縁です。

大阪万博を知るぼくたち「第1世代」にとって、70年万博は人生でいちばん楽しかった時代を象徴する夢の宴。高度成長の熱気とともに打ち込まれたエキサイティングな記憶は鮮烈で、万博は「良きもの」と刷り込まれていますし、万博は強大なパワーをもつ〝魔法のイベント〟であるとインプットされています。もちろんいまはそんな時代じゃないと頭ではわかっているけれど、70年万博の栄光が血肉化しているため、ときとして理屈を超えて思考停止に陥ってしまうのです。

対して85年つくば万博以降の万博につきあった「第2世代」にこの種の刷り込みはありません。反応はじつにクールで、むしろインターネットの出現による社会構造の変化に敏感にならざるを得なかった世代ゆえ、万博を「前時代の遺物」と否定的に見る向きが多いように感じます。そして万博にまつわる記憶のストックがない「第3世代」にはいっさいの感慨はなく、関心もほとんどありません。日本にはこうした3つの世代が同居しているのです。

とりわけ思い入れが強いのは、少年の頃に70年万博を体験した世代、具体的には小学生から高校生で万博に触れた「万博少年」世代です。彼らはいま50代半ばから60代半ば。ぼく自身がそのド真ん中なのでよくわかりますが、当時こどもだったぼくたちは、「万博なんて70年安保から国民の眼を逸らせるための政府の陰謀だ」などというひねくれた思考とは無縁。こどもの心で純粋無垢に感動していますから、万博愛が人一倍強い。万博マニア、万博オタクといわれる人たちはほぼ例外なくこの年代ですし、大ヒット漫画『20世紀少年』(浦沢直樹)の主人公もそうです。

会議の席などで、だれも大阪万博の話などしていないのに、「万博少年」たちはいつの間にか70年万博をイメージしながら話をはじめているし、博覧会のイメージスケッチなどを見ると、半世紀前の活力あふれる空気を投影しながら見てしまいます。

じっさい、はたから見ると冷静に議論しているように見えて、深層では「あの誇らしい万博をもう一度！」「パワフルな万博を再現して日本を元気に！」とのモチベーションに突き動かされているにちがいないと思われる光景を何度も見てきました。

いま社会の中核で意思決定をしているのは「第1世代」であり、中心にいるのは「万博少年」たちです。むろん25年万博も例外ではありません。

若い人たちに覚えておいて欲しいのは、「第1世代」への刷り込みが想像以上に強いこと、彼らの万博論議は70年万博の「良きイメージ」を前提に組み立てられていること、それに対して彼ら自身が無意識・無自覚であること。逆にいえば、万博を知らない世代の意識に想像が及ばす、「世の中には万博に興味がない人たちがいる」ことがなかなかイメージできないこと。

もちろん悪気はありません。しかし25年万博で観客の中心となるのは「第2世代」と「第3世代」です。万博を他人事だと思っている人たちに関心をもってもらうためには、具体的なコンテンツの話の前に「万博とはなにか」を魅力的に語ること、そしてメニュー＝「なにを／Ｗｈａｔ」とともに、戦略と志＝「なぜ／Ｗｈｙ」、姿勢と態度＝「どのように／Ｈｏｗ」を丁寧に説明することが大切です。

2 現状路線が唯一の道と前提しない

万博は「自然と環境の尊重」を基軸に「地球規模の課題を解決する場」であるという位置づけが、いま常識になっています。90年代に万博への厳しい風当たりを避ける必要からBIEが採択した理念に基づくもので、万博はけっして無駄な事業ではないとアピールする意味合いがありました。すでにお話ししたとおりです。

継承すべきは「課題解決型万博」という新しい理念であり、それが21世紀の万博である。そう語られているわけですが、この「課題解決」路線が万博を袋小路に追い込んだ主犯のひとりだと思います。

真面目に環境問題に取り組むならロジックとファクトで「説明」するほかないし、「マイナスをゼロにする話」を魅力的なエンターテインメントに仕立てるのはきわめてむずかしい。なにより解決と言うからには「答えを示す」ことが必要であり、ベクトルは自ずと「啓蒙」に向かう。「中心にいる情報エリートが末端の大衆にソリューションを示し、それに向けて行動すべく啓蒙する」。典型的なマスメディアの構図をそのままもち込んでいることが、新しい情報感性とのズレを生み、共感度を減衰させていると思うのです。

じっさい「自然と環境の尊重」に真面目に取り組んだ2000年ハノーバー万博は惨敗し、つづく05年愛知万博も名目上の「成功」は手にしたもののさしたる成果を残せず、あらゆる意味で〝規格外〟の10年上海万博をはさんで開かれた15年ミラノ万博はすべてにおいて中途半端なままフェードアウトしていきました。

90年代半ばにこの路線を選んで以来、（上海をどう評価するかを脇に置けば）万博はじつは一度も大成功といえる経験をしていないのです。

もちろんそれは時代変化の波に呑まれたからであって、ひとり「課題解決」路線に責めを負わせるのはフェアではないけれど、単純に「万博がつまらなくなった」ことから眼を逸らすのもまたフェアではありません。ぼくは30年以上にわたってすべての万博を観てきましたが、回を重ねるごとに万博会場の熱気がドロップしていることはたしかです。

ハノーバー万博翌年の2001年には驚くべきフレーズが並んだ本が出版されました。万博150年の歴史を扱った本の改訂版に添えられた『What of the Future』と題されたテキストで、「21世紀にも万博は意義をもち得るか」をテーマにしたものです。

執筆したのは市井の学者や評論家ではありません。イギリスのテッド・アランとカナダのパトリック・リード。ともにＢＩＥの議長を務めた万博界の重鎮で、俗にいう〝万博マフィア〟の中核メンバーだった人たちです。彼らはこう警告しました。

「(万博が) 真剣な再検討と国際的な意思決定をすべき時期に来ていることはあきらかだ。進歩向上はすぐにできるものではなく達成は容易ではないが、最初の一歩を踏み出し、ゆるぎない一致団結した行動を起こさなければ、すでに信用を失っているこのメディアは消滅してしまうかもしれない」(傍線筆者)。

「勇気をもってＢＩＥの役割を根本から問い直し、問題の本質に真正面から取り組むこと以外に、このメディアを死の床から再生させる道はない」(同)。

ＢＩＥが先の決議を採択した7年後に、これほどまでの危機感を表明していたわけです。

「課題解決」路線に未来はない。いま必要なのは「答え」ではなく「問い」だ。ぼくがそう考えていることはお話ししてきたとおりです。この考えが正しいかどうかはわからないし、万博を再生させる唯一の道だなどとのぼせたことを言うつもりもありません。これからいろいろなアイデアが出てくることを切に願っています。

若い人たちに言いたいのは、これからの万博のありようを考えるとき、現状路線が正義であると前提した瞬間に新たなアイデアの芽が摘まれてしまうということ。自由な発想で可能性を追求して欲しいと思います。

3―思いつきの議論を称揚しない

自由な発想で従来にないアイデアを模索し、新たな可能性を追求する。万博に限らず博覧会にはとても大切なことですが、もちろん思いつきを並べることとはちがいます。

開催が決まり本格的な計画作業がはじまると、委員会やシンポジウムなど主催者が意見聴取の場を種々用意しますし、新聞・テレビなどのメディアが知識人やアーティストに「新しい発想」を取材したり、一般市民を相手に「アイデア募集」をしたりといったように、さまざまな意見やアイデアが飛び交うようになります。

このとき往々にして起こるのは、思いつきでしゃべった〝尖ったアイデア〟が斬新な意見と評価されること。「『会場』はつくらない。地域全体を会場に」「バーチャル空間だけでいい、世界とつなごう」「パビリオンのない万博」「市民が市民のために運営する万博」…。博覧会のたびに蒸し返される〝新しい万博像〟の定番です。

一瞥してわかるとおり、これらのアイデアにはリアリティがありません。国際社会が共同して組み立ててきた万博のフォーマットから完全に外れているからです。アイデアの良し悪しや創造性の優劣とは関係ありません。たんに「万国博覧会」という形式に適合していないというだけです。要するに「素敵なイベントですね。ぜひおやりなさい。ただし『万博』としてではなく、ね」という話なのです。

誤解されると困るのですが、万博のことを知らない者は発言するな、と言いたいわけではないし、リアリティのないアイデアには価値がない、と批判しているわけでもありません。むしろよく知らない人たちが万博に夢を膨らませてくれることは、万博が新たな活力を取り戻すうえで有用であり、大歓迎です。

問題は、そうした「実現する可能性のないアイデア」をメディアが称揚し流布することであり、発言した本人たちがその気になってしまうこと。みな良かれと思って善意で行動しているだけなのですが、ときとしてそれが逆回転してしまうのです。

05年愛知万博のとき、当初のスキームが崩壊したあとに「環境保護」とともに「市民万博」という理念が掲げられました。じっさいプロジェクトの根幹にかかわる意思決定に市民を参画させたことは、万博史に例がないだけでなく、この種の国家事業において画期的なことでした。

こうした流れのなかで、当事者意識が高まった有識者からさまざまな意見が出されます。「国家主導を排し、市民がつくる文化プロジェクトに」「パビリオンを否定した、万博でない万博を！」……。こうして「万博を根底から変革せよ」という議論がかつてない広がりを見せたのですが、抽象的な観念論や理想論にリアリティはなく、けっきょく蓋をあけてみれば、理想論とは裏腹の保守的な万博になっていました。

とうぜんながら万博はひとり主催者がつくるものではありません。国際社会がみんなでつくる営みであって、主催者はホストに過ぎないし、準備がはじまってからは重要な意思決定は「政府代表会議」でなされます。国際博覧会条約という国家間条約もあります。主催国が「オレ、これがやりたい」と言ったからといってなんでも自由にできるものではないのです。この単純な枠組みさえ理解されていないのが実情です。

若い人たちにはぜひ自由に発想して欲しい。ただし「アイデアのためのアイデア」で良しとするならともかく、本気で新しい万博像をひらきたいと考えるなら、国際社会が共有する基本スキームをじゅうぶん勉強したうえで、そこに踏みとどまりながら（あるいは踏みとどまっているフリをしながら）、「ギリギリどこまでの冒険なら許されるか」を狙うしたたかで戦略的な思考が不可欠なのです。

4 経験・実績・権威を判断基準にしない

大阪万博で創造の現場を指揮したのはほぼ例外なく30代だった。経験のない万国博覧会という巨大プロジェクトにクリエイティブな野心を掻き立てられた彼らは、素晴らしい仕事で期待に応えた。それが大阪万博を未曾有の成功に導く大きな原動力になった。ぼくがそう考えていることはお話ししたとおりです。

もちろん当時にもその道の大家や重鎮はいたし、役人たちは実績と権威で選びたいと考えたはずです。しかも大阪万博は戦後日本が満を持して「新しい日本」を打ち出す一大国家事業。失敗は許されません。そうであったにもかかわらず、企業も役所も若い世代に命運を託したのです。

なぜいつものように実績至上主義をとらなかったのか？　じっさいに大阪万博の最前線で活躍したクリエイターのひとりが、理由はふたつあっただろうと話してくれました。ひとつは多くのすぐれた人材を先の大戦で失ってしまったこと、もうひとつは大阪万博に要する技術や思想がそれまでとは次元がちがっていたため、従前の経験や常識がほとんど役に立たなかったこと。

技術の断層を飛び越えねばならない状況にあっては、旧来の発想に縛られがちな権威筋より、むしろ若い世代を使うほうが合理的だったのだ。そう語る彼の説明はストンと腑に落ちるものでした。ハード・ソフト共に革新的な技術と思想が必要だったけれど、いずれも万博以前にはこの国に存在していなかったもの。若い情熱と探求心こそが最良のエンジンだったのです。

決定的だったのは、「若い才能に賭けよう」との機運が醸成されたことでした。世界に向けて「どうだ！　これが日本だ！」と胸を張るためには、欧米のコピーでは意味がありません。当時の関係者は「欧米を超えるものをつくりたい」「世界を相手に一発カマしてやろう！」と意気込んでいたはずです。そうであるからこそ実績のない若者たちに賭けたのでしょう。

ぼくの好きなエピソードのひとつに『せんい館』の横尾忠則と谷口豊三郎のやりとりがあります。あのサイケデリックなパビリオンをつくる過程で関係者と紆余曲折あったとき、横尾の求めに応じて直談判を受けた谷口は、「あなたの芸術論はまったく理解できないが、情熱だけはよくわかった。いいだろう。やりたいようにやってくれ」とその場で全権を委任したそうです。

東洋紡の社長、会長を歴任した谷口は日本繊維産業連盟初代会長。超大物財界人でした。対する横尾はアングラ界に名を轟かせていたとはいえ、まだ30歳を過ぎたばかりの若造。おそらく谷口は横尾がどういう人物なのかまったく知らなかったでしょう。

そんなふたりがサシで会い、一発でことを決めた。もっとも保守的な業界団体でさえそうだったのです。事前に決めたわけでも話しあったわけでもないのに、関係者がみな権威に頼らず、保険をかけず、リスクをとって若い才能に賭けた。「大阪万博という奇跡」の秘密がここにあります。

事情はいまも変わりません。もし新しい万博像をひらきたいと本気で考えるなら、実績、経験、権威を判断基準とせず、腹を括って生きのいいクリエイターに任せるほかありません。経験をベースにうまく捌こうとする人や、万博を「お仕事」「ビジネス」としか見ることができない相手に創造的な突破力を期待するのは虫がよすぎます。

5　小さな成功を求めない

大阪が25年万博誘致を競ったのはロシア（エカテリンブルク）とアゼルバイジャン（バクー）で

した。当初イギリス（マンチェスター）とカナダ（トロント）も誘致の意向を示していましたが、イギリスは「万博には納税者にとってコストに見合う価値がない」として断念、トロントも市議会が撤退を決めます。

１９２８年に現在の万博体制ができたあと、主催してきたのは欧米と日本・韓国・中国だけだったのに、最近になって様子が変わってきました。２０１７年の開催国はカザフスタン（アスタナ：現在のヌルスルタン）で、２０２０年はＵＡＥ（ドバイ）。今回のロシア、アゼルバイジャンを含め、20世紀には考えられなかったメンツが表舞台に躍り出てきたのです。

さらに驚かされるのは、小国が「途上国」「初開催」「未経験」を売り文句にしはじめたこと。今回の誘致レースでも、日本が5度の主催経験と折り紙つきの実務能力をアピールしたのに対して、小国アゼルバイジャンはあえて「発展途上国」であることを強調し、自国開催が世界中の途上国の利益にかなうと訴えました。すでに「開催したことがないから意義がある」「途上国だから意味がある」というアピールが票の獲得に有利に働く状況になっているわけです。

じっさい17年のカザフスタンはベルギーをダブルスコアで退け、20年をＵＡＥと競ったロシア、トルコは開催経験がなく、23年に決まったアルゼンチンはアメリカとポーランドを破りました。17年カザフスタン、20年ＵＡＥ、23年アルゼンチンとつづくラインナップはいずれも初開催。万博史上かつてない事態です。

1928年のBIE創設時に31カ国だった加盟国は、いま170ヶ国。アフリカが49ヶ国と最多で、つづいてヨーロッパ47ヶ国、中南米30ヶ国、アジア18ヶ国、中東14ヶ国。数のうえでは「いつかは万博をやってみたい」と夢見る小国・途上国が過半を占めています。「初開催」はそういった国々が共感するキーワードなのです。

こうしたなかで「万博大国・日本」はなにをすべきか？

もはや無難に仕上げて60点を取ったところで意味がないことは論を俟《ま》たないでしょう。そんなことをするくらいなら小国や途上国にチャンスを譲ったほうがいいし、初開催の国々をサポートする側にまわるほうがいい。だいいち、そんなことでは日本社会になにも遺せません。もはや日本は「無事に成功させました」で満足していいポジションではないと考えるべきです。

これからも日本が万博を手がけることに意味があるとしたら、からだを張って万博改革に挑むことしかない。ぼくはそう思います。

新世代万博のヴィジョンを掲げ、実現に必要な条件と課題を総括する。【万博3・0】への道筋と選択肢を示し、当該万博をそのプロトタイプにすることを宣言する。国際社会に改革への意志と決意を語り、共感を醸成する。

衰弱が進む万博の現状を考えれば、目指すべきは小手先の修正ではなく、制度の本丸に手を突っ込むレベルのドラスティックな構造改革です。もちろん国際社会の賛意を得ながら進めなければならないので膨大なエネルギーが必要ですし、1928年の新体制発足から100年近くやってきたやり方・考え方を少しでも変えようとすれば、さまざまな抵抗や実務上の問題が押し寄せてくるでしょう。

現実を考えれば、開催が決まってから本番までの7〜9年程度では、条約改正はもとより大幅な軌道修正もむずかしいでしょう。じっさいには現状のルールを守りながらギリギリの攻防をしなければならないわけで、説得力あるヴィジョンと高度な戦略が不可欠です。それでもやれることとその深度は想像以上に大きいはずです。

鍵になるのは、小さな成功を求めないこと、そして失敗を恐れないことです。

もし挑戦が実を結べば万博を新たなステージに引き上げた功労者として万博史に刻まれるでしょうし、みごとに惨敗したら、現状の体制をゆるがす大問題に発展し、存続の是非をふくむ改革論議へと万博界を追い込むはずです。

いずれにせよ推進力を失ったまま慣性だけで進んでいる万博を根本から考え直す契機になります。そしてそのようなアクションを起こすことこそが、半世紀に5回も万博をやらせてもらってきた日本の役割であり、国際社会からリスペクトされる唯一の道だと思います。

6 『祭り』であることを忘れない

地方博でもおなじですが、博覧会の開催が決まるとかならず「万博に金をかける意味はあるか」という論議が出てきます。多くは「一過性の万博は無駄」「万博をやる金があったら福祉に回せ」「ほかにやるべきことがあるだろう」といった費用対効果にもとづく反対論ですが、じつはいまにはじまったことではありません。戦前から繰り返されてきた定番の議論です。

もちろん公のイベントですから費用対効果は重要ですし、この種のコストに対する眼差しは以前にも増して厳しくなっています。じっさい、いまオリンピックの先行きが不安視されているのは、ひとえにコストの問題です。開催経費がかかり過ぎることで立候補する都市がどんどん減っており、このままではゼロになってしまうかもしれないという危機感が広がっていることはご存知のとおり。ついにはどこかに常設のオリンピック会場を建設して毎回そこでやればいいじゃないか、という議論も聞こえはじめました。ＩＯＣにとって喫緊の課題は経費削減と合理化です。

一見すると万博も同様の状況に置かれているように見えますが、オリンピックとは決定的に異なるポイントがひとつあります。それは万博がオリンピックのような「競技」でもＢ to Ｂの見本市のような「会合」でもなく、「祭り」だということ。競技や会合であれば合理化はある種の進化と言えるかもしれないけれど、こと祭りにおいてはそうはなりません。

「万博は無駄」との風当たりに配慮して合理的・機能的に万博をつくった00年ハノーバー万博が惨敗に終わったことは見てきたとおりです。祝祭の雰囲気が感じられない、歩いていても楽しくない、気分が高揚しない…。そんな万博には人が来ないのです。

万博とは祭りであり、祭りとはなにかを得ようといったさもしい根性を捨てた無償の行為である。そう考えていた岡本太郎は、会場のド真ん中に太陽の塔を突き立てました。すべてが計算ずくでつくられる万博を祭りにするには、「ベラボーな神像」が必要だと考えたからです。この〝万博史の異物〟は、大阪万博を象徴するアイコンとして日本社会の隅々にまで伝播するとともに、万博の哲学に大きな深度を与え、魅力創出に決定的な役割を果たしました。

万博の魅力をもっとも深いところで支えているのは、「課題解決」でも「ロジック＆ファクト」でもなく、まして「無駄のない運営」などではなく、「祭りの精神」だとぼくは思います。過去を振り返っても、後世に語り継がれる偉大な万博は、みんな祭りの心をもっていたように思うからです。

水晶宮、エッフェル塔、フェリス・ホイール、ディズニーのパビリオン、太陽の塔…。いずれも「合理的な経営判断」や「無駄のない予算執行」から生まれたものでもなければ、万博運営に必要不可欠だから登場したわけでもありません。これらを生み出したのは、新しい世界に踏み出したいという冒険心、〝まだないもの〟をつくりたいという野心、なによりその万博に賭けようとする気概と情熱です。

そういうものが「レガシー」になるのであって、企画会議で「レガシーをつくる件」を議論してできるものではないし、「レガシーをつくって後世に褒めてもらおう」という小賢しい計算で実現するわけでもありません。「実績や権威を盾に保険をかけよう」などといった論理とも無縁です。

大切なのは、万博を「お仕事」「ビジネス」にしないこと。計算や保身から自由になって、失敗覚悟で思い切りやること。そして「祭りなんだから」と社会がそれを許すこと。

けっしてできないことではありません。じっさい70年万博では太陽の塔が立ち、保守的な業界団体のパビリオンを横尾忠則がサイケデリックに彩ったのですから。

「節約を重ね、徹底して無駄を省いた万博」や「手堅く60点を取ったものが並ぶ万博」に魅力があるはずがないし、魅力がなければ集客も叶いません。

万博のチャンスに日本人の精神をひらきたいと願った岡本太郎は、未経験の大事業を前にしてプレッシャーでガチガチに硬直する万博協会の面々によくこう言っていたそうです。

「成功しようと思うな。及第点を取ろうなんて考えるな。60点取ったものが並んだって、ちっとも楽しくないじゃないか。思いっきりやりたいことをやればいいんだ。失敗したっていい。0点でいい。その方がいいんだ。それが祭りだ。パーッとひらくんだよ」。

これからの万博のありようを考えるとき、きわめて示唆に富むエピソードだと思います。

最後にもうひとつ太郎の言葉を紹介します。

「万国博は祭りです。まちがいなく、確実に、無難なほうがいいというのは日常の規準であって、祭りはそれとはちがった特別なときでなければならない。それなのに、万国博協会は官僚組織でやっているから、ことなかれ主義で、失敗しまいとみんなコチンコチンになっている。そんな風ではいくら金をつぎこんで、たとえうまくやったところで、少しも祭りとしての楽しさ、魅力がないのです。やるだけやって、もし失敗したら失敗してもいいじゃないかという、平気な冒険の精神でやらないと、生きてこない」。

7　「与える」と考えない

政治家や官僚が万博を語るとき、「夢を与える」といった類のフレーズがよく出てきます。言いたいことはわかるし、間違ったことを言っているわけでもないけれど、これはダメです。

客商売なのに上から目線はマズい、と言いたいわけではありません。「与える」という言葉の背後に潜む「中心にいるオレが、末端にいるキミたちを導く」という中央集権的な感覚が、これからの万博にとって致命的だと思うのです。

つくり手の情報観が大衆社会とズレている、という話はもう繰り返しませんが、「与える」というイメージをもっている時点でアウトです。この種の物言いがいまこの瞬間にも使われていることが残念でなりません。

あとがき

万博を愛するがゆえに、そしてその再興を願うがゆえに、ずいぶんときびしい物言いをしました。往時の熱量を失った万博が、真綿で首を絞められるように劣化していく様を眼の当たりにして、悔しい思いをしてきたからです。

先進国がどこもモチベーションを落とし、パビリオンのクオリティは眼に見えて下がり、観客の表情にもかつての高揚はないのに、万博の現場は「まだなんとかなっているじゃないか」という保守的な空気に支配されているように見えます。

レストランの味が落ちたとき、客は味が落ちたことも、なにが問題なのかも教えてくれません。いつの間にか来なくなるだけ。気づいたときには手遅れです。おなじことが万博に起こるのをぼくは怖れます。

でもいまならまだ間にあいます。時間の猶予はさほどないけれど、慣性の力で前に進んでいるうちに【万博3・0】を萌芽させることができれば、21世紀を生き延びることができるはずだし、うまく運べば3度目の上昇気流に乗ることだって夢ではないでしょう。

ともあれ、ひとつだけはっきりしているのは、その大仕事は万博を知らない若者たちに託されるという事実です。彼らにはフェアな歴史観を身につけて欲しいし、「知らない世代」にこそ万博を俯瞰する視座をもって欲しい。その願いが本書執筆の動機でした。すべては正当な歴史観の血肉化からはじまると考えるからです。

現場を見ていてつくづく思うのは、万博の置かれている状況につくり手が無関心なこと。それゆえに図鑑や教材ビデオのような「説明」で満足したり、過去の手法・演出の焼き直しで良しとしたりするのです。はっきり言って、制作者の多くは「万博とはなにか」に対する確固たる見識をもっていないし、観客をナメている。歴史観がないからです。

万博がこの先どうなるかはわかりませんが、いち万博ファンとしてもちろん再興して欲しい。「知らない世代」がきっとやってくれる。そう期待しているし、信じています。70年万博のとき、じっさいに「知らない世代」があれだけの仕事をしたのですから。

2019年6月　平野暁臣

資料編1　万博を図解で考察

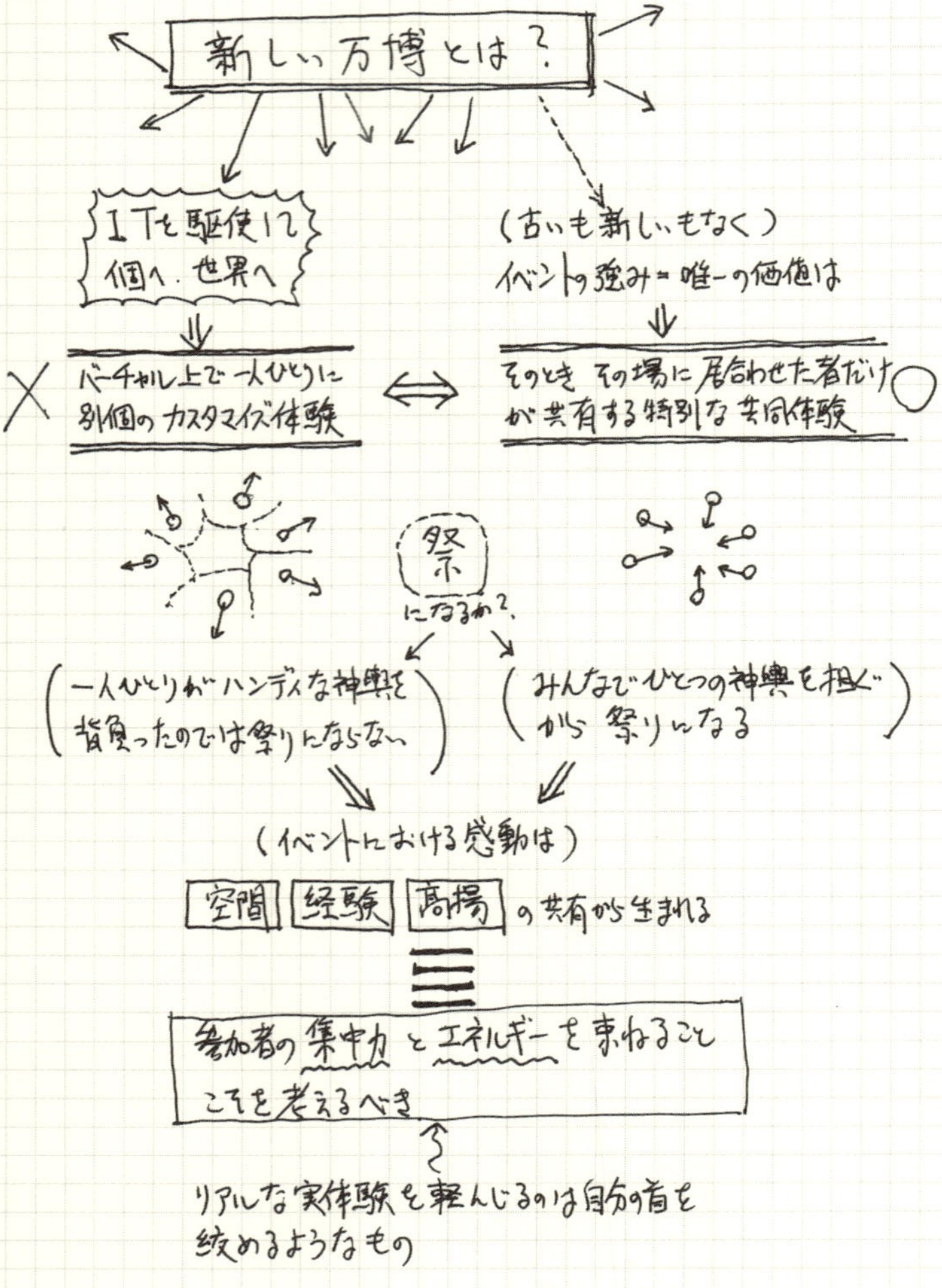

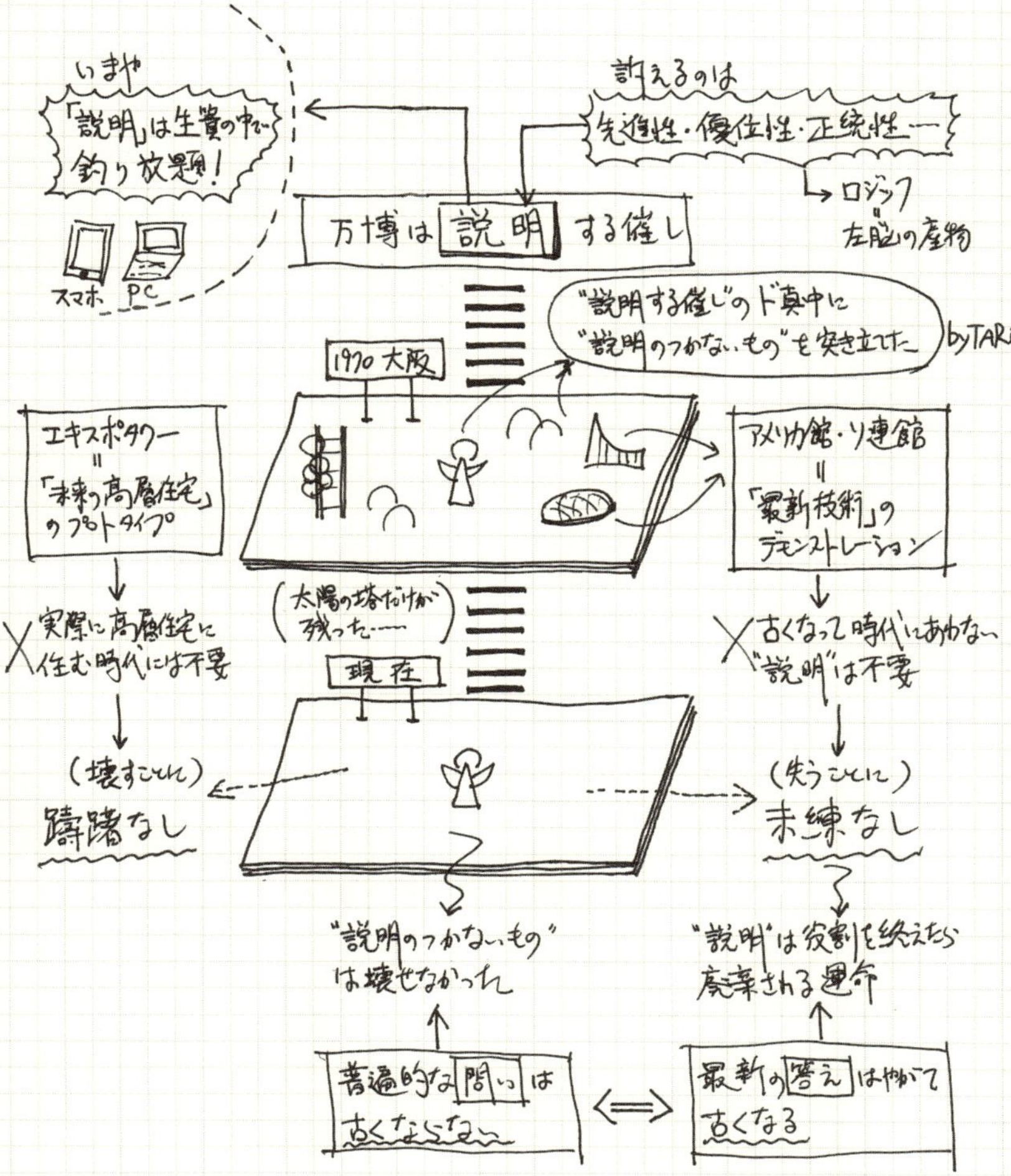
いまや
「説明」は生簀の中で
釣り放題!
スマホ
PC
訴えるのは
先進性・優位性・正統性……
ロジック
=
左脳の産物
万博は説明する催し
"説明する催し"のド真中に
"説明のつかないもの"を突き立てた
byTARO
1970 大阪
エキスポタワー
=
「未来の高層住宅」
のプロトタイプ
アメリカ館・ソ連館
=
「最新技術」の
デモンストレーション
実際に高層住宅に
住む時代には不要
(太陽の塔だけが
残った……)
古くなって時代にあわない
"説明"は不要
現在
(壊すことに)
躊躇なし
(失うことに)
未練なし
"説明のつかないもの"
は壊せなかった
"説明"は役割を終えたら
廃棄される運命
普遍的な問いは
古くならない
⟺
最新の答えはやがて
古くなる

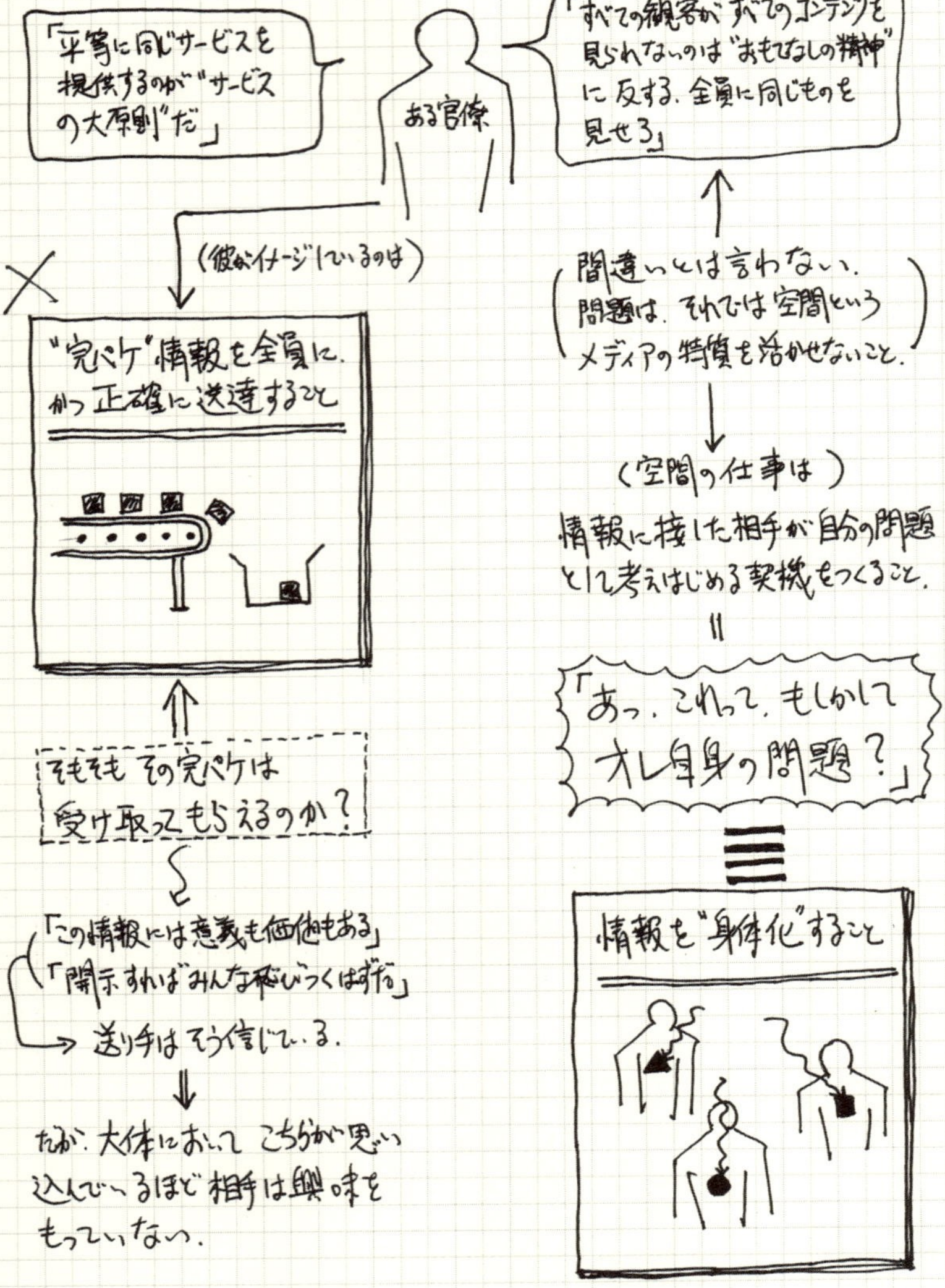
「平等に同じサービスを提供するのが"サービスの大原則"だ」

ある官僚
「すべての観客がすべてのコンテンツを見られないのは"おもてなしの精神"に反する。全員に同じものを見せろ」

（彼がイメージしているのは）

"完パケ"情報を全員に、かつ正確に送達すること
そもそも その完パケは受け取ってもらえるのか？

「この情報には意義も価値もある」

「開示すればみんな飛びつくはずだ」

送り手はそう信じている。

だが、大体において こちらが思い込んでいるほど相手は興味をもっていない。

間違いとは言わない。問題は、それでは空間というメディアの特質を活かせないこと。

（空間の仕事は）

情報に接した相手が自分の問題として考えはじめる契機をつくること。

「あっ、これって、もしかしてオレ自身の問題？」

情報を"身体化"すること

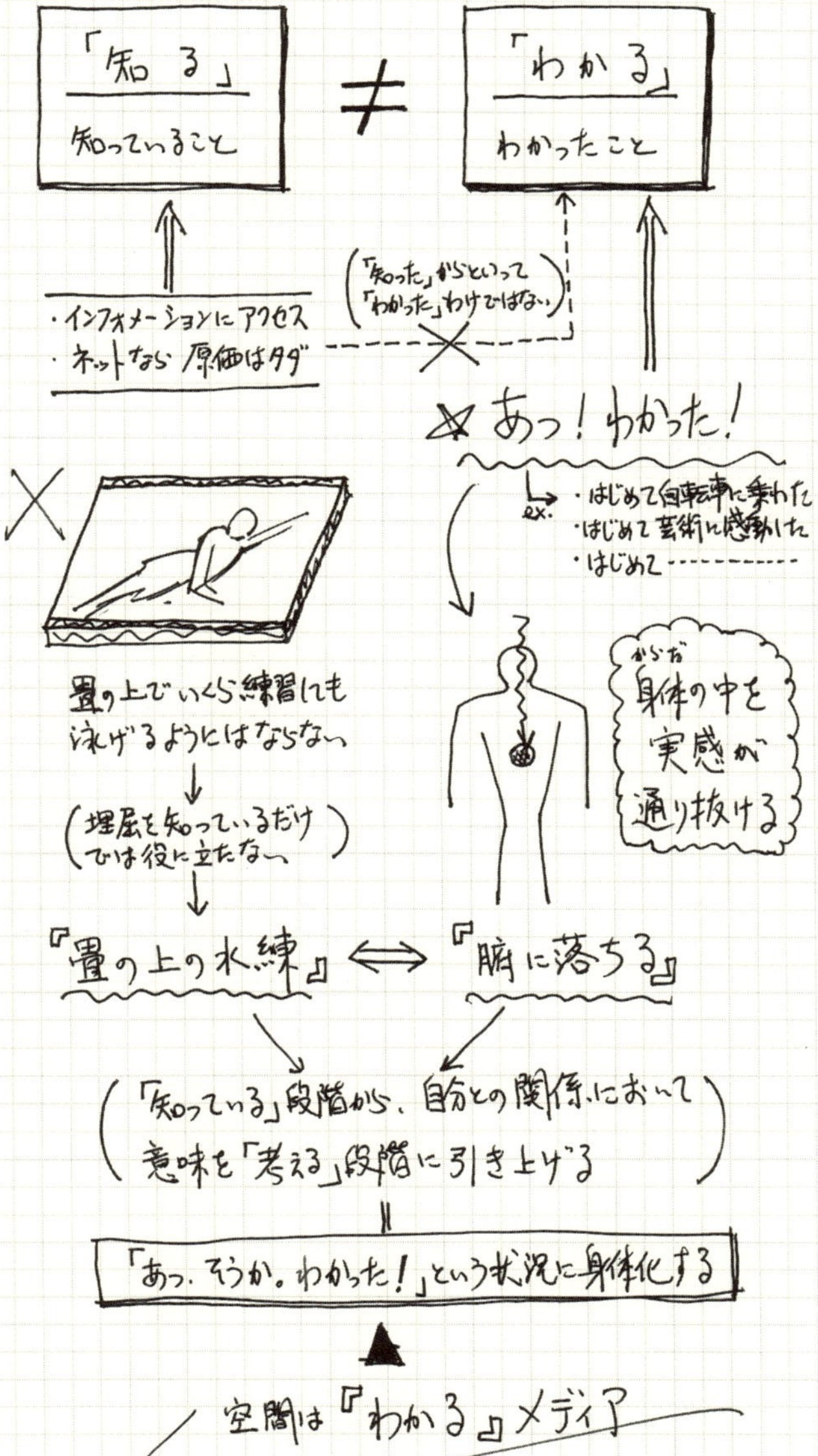
「知る」
知っていること
≠
「わかる」
わかったこと
・インフォメーションにアクセス
・ネットなら原価はタダ
「知った」からといって「わかった」わけではない
あっ！わかった！
ex.
・はじめて自転車に乗れた
・はじめて芸術に感動した
・はじめて
畳の上でいくら練習しても泳げるようにはならない
（理屈を知っているだけでは役に立たない）
身体《からだ》の中を実感が通り抜ける
『畳の上の水練』⇔『腑に落ちる』
（「知っている」段階から、自分との関係において意味を「考える」段階に引き上げる）
＝
「あっ、そうか。わかった！」という状況に身体化する
空間は『わかる』メディア

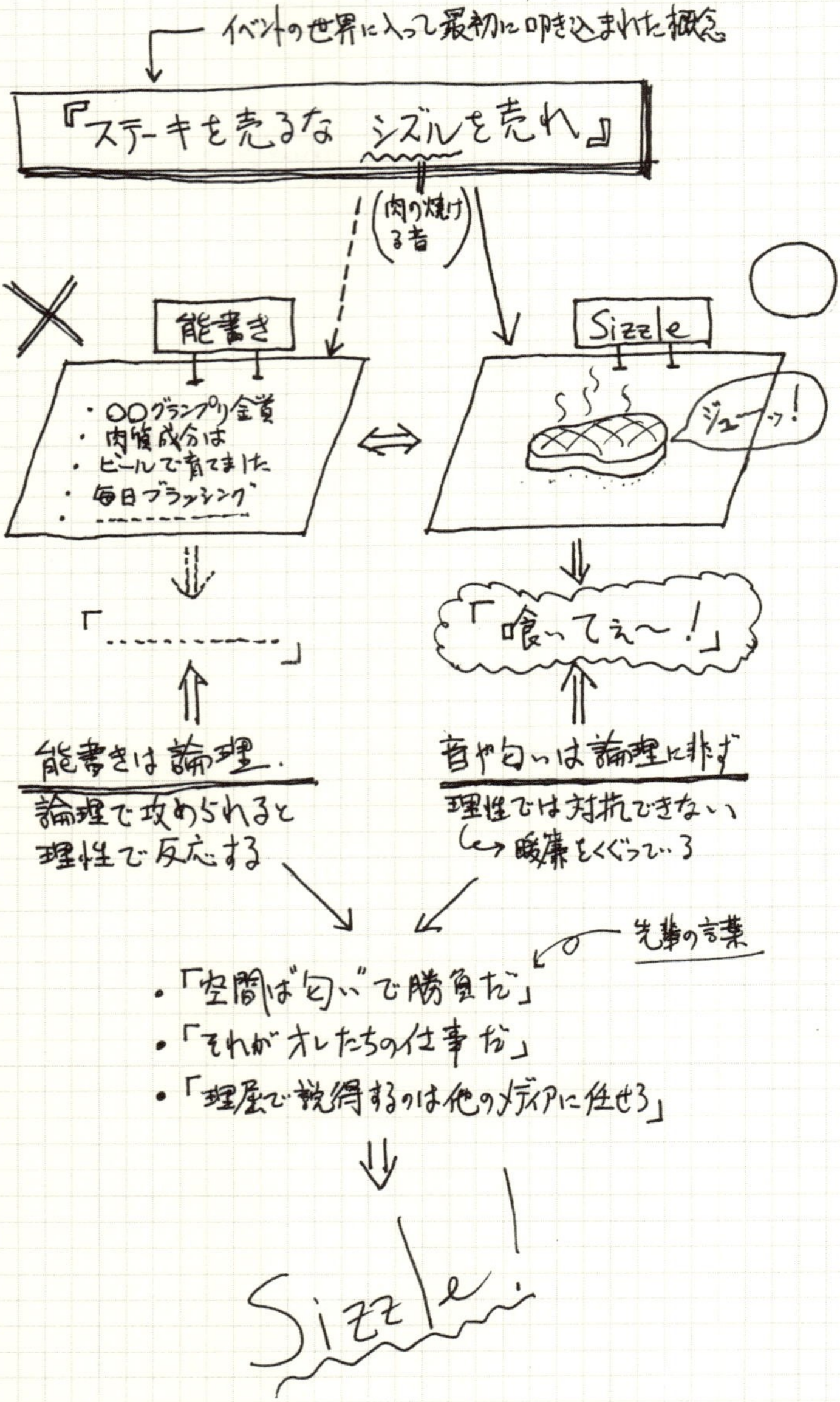
イベントの世界に入って最初に叩き込まれた概念
『ステーキを売るな シズルを売れ』
肉の焼ける音
能書き
・〇〇グランプリ金賞
・肉質成分は
・ビールで育てました
・毎日ブラッシング
Sizzle
ジューッ!
「………」
「喰ってぇ〜!」
能書きは論理
論理で攻められると
理性で反応する
音や匂いは論理に非ず
理性では対抗できない
曖昧をくぐっている
先輩の言葉
・「空間は匂いで勝負だ」
・「それがオレたちの仕事だ」
・「理屈で説得するのは他のメディアに任せろ」
Sizzle!

これからのテーマは

『触発された自己』

by 師・高橋潤二郎

⇓

（触発されれば自己表現したくなる）

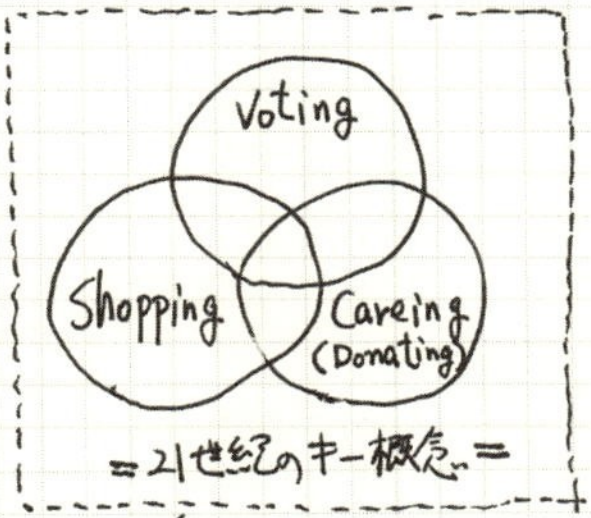

× [Presentation Space]　　[Interactive Communication Media] ○

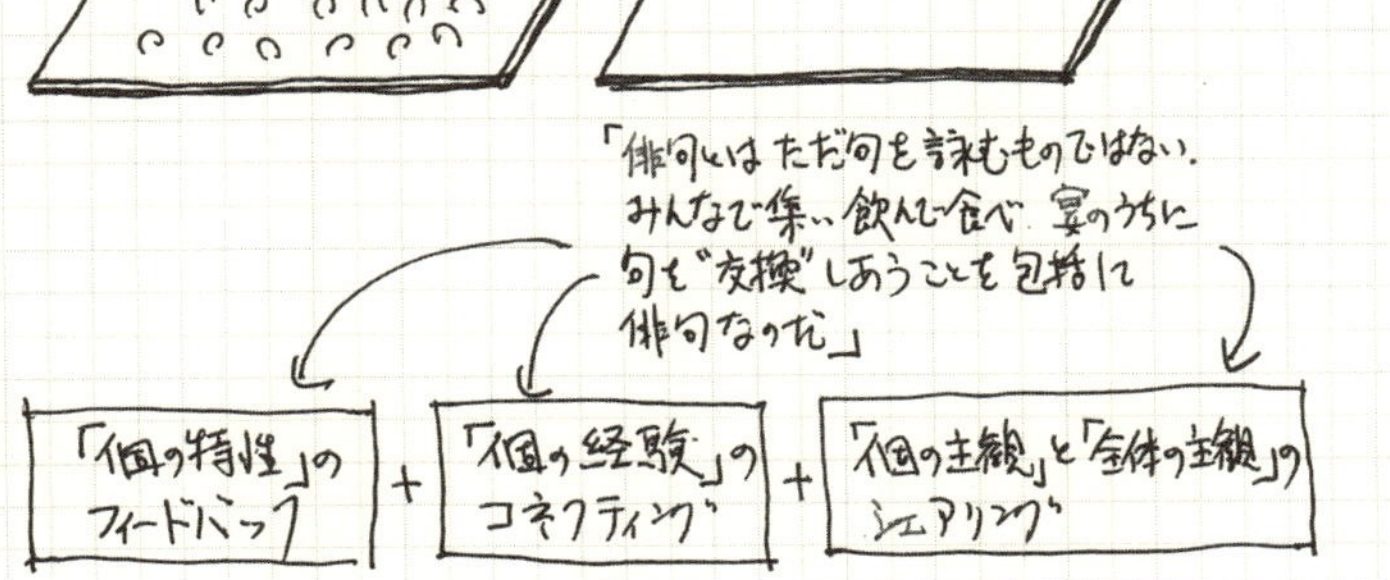

「俳句とはただ句を詠むものではない。
みんなで集い、飲んで食べ、宴のうちに
句を"交換"しあうことを包括に
俳句なのだ」

「個の特性」のフィードバック ＋ 「個の経験」のコネクティング ＋ 「個の主観」と「全体の主観」のシェアリング

＝

『経験と環境のインタラクション』

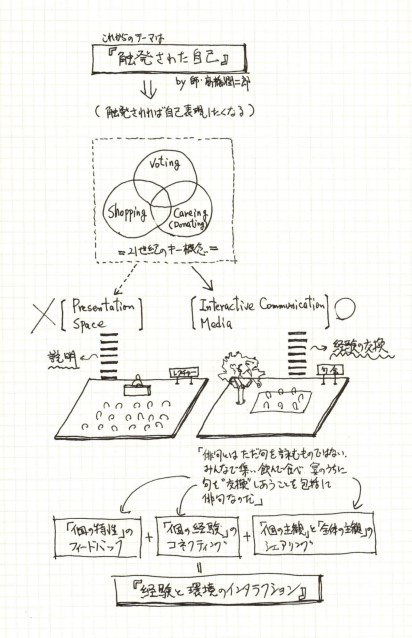

よく耳にするフレーズだが嫌な言葉だ！

×「感動を与える」

↑

相手の心情をコントロールできるとでも？

↓

どんなプレゼンに人は感動するのか？

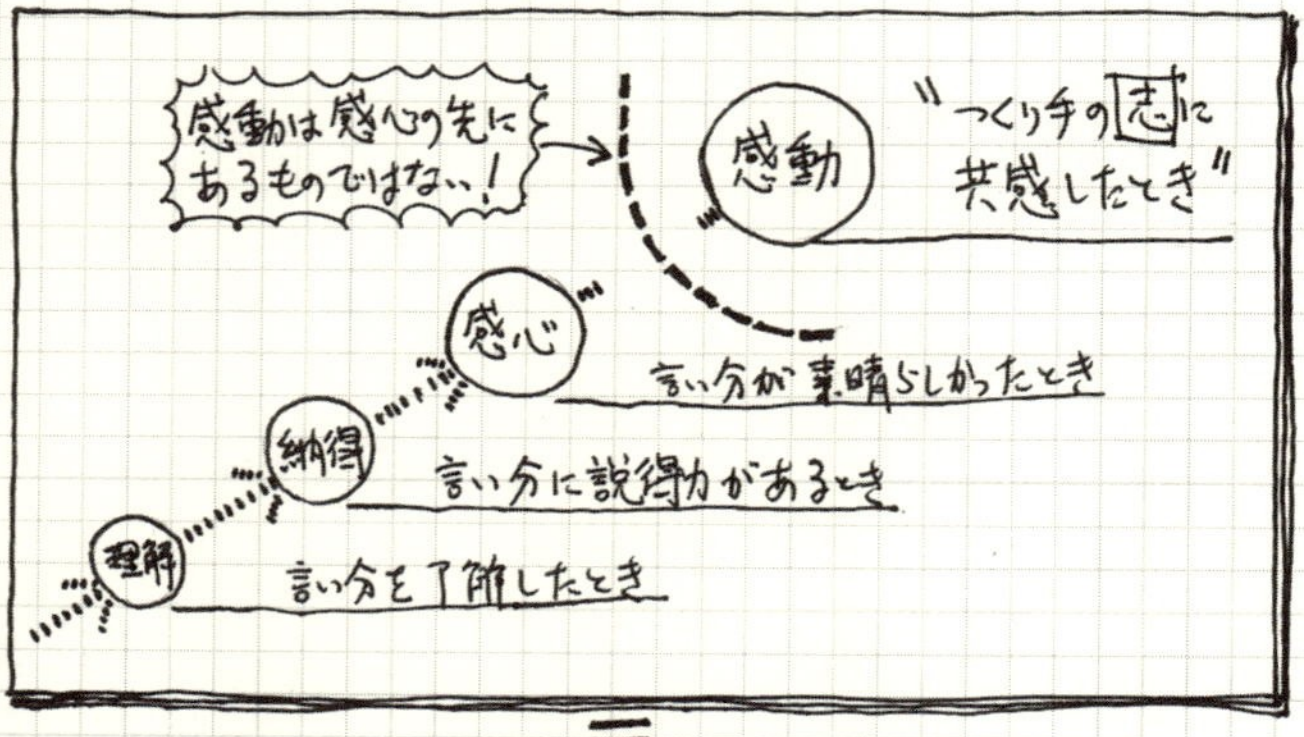

＝

「感動」＝つくり手の"志"への共感

「自分と同じ方向を向いている」との実感 or 「自分をわかってくれている」との信頼

＝

「評論家のレポートやスペックより共感できるかどうか」

＝

正確に伝えたり、上手に説明するだけではダメ！

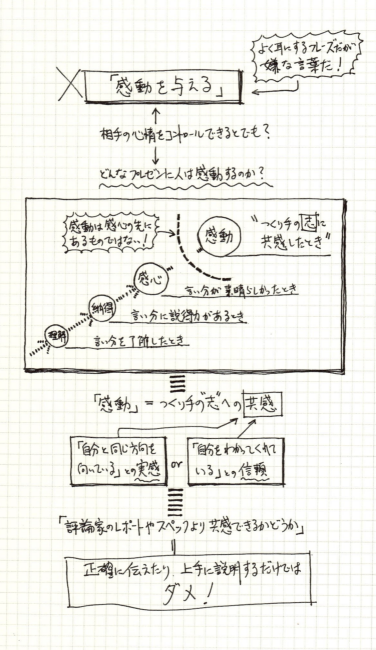

資料編2　万博のあゆみ（平野暁臣編）

1851	ロンドン	世界初の万博。『水晶宮（クリスタルパレス）』を会場に144日間で603万人を集めた。この成功が列強諸国を刺激。万博ブームの契機になる。
1855	パリ	ナポレオン3世がクリミア戦争の最中に決行。以後11年ごとの万博開催を決める。
1867	パリ	会場をセーヌ川沿いの旧練兵場跡（現在エッフェル塔が立つ場所）に移す。日本（徳川幕府）が初参加。
1873	ウィーン	巨大な『産業宮』が出現。明治政府が積極参加。日本の美術工芸品を各国の博物館が研究資料として購入する。
1876	フィラデルフィア	合衆国独立100年記念。250棟もの建物が立ち並んだ。呼び物はジョージ・コーリスが考案した巨大な蒸気機関。
1878	パリ	日本が2000㎡におよぶパビリオンを出展。出品した美術工芸品が引き金になってジャポニズムブームが起こる。
1889	パリ	エッフェル塔が出現。歓楽街『カイロ通り』も大人気に。史上はじめて3000万人を超える。
1893	シカゴ	純白のネオクラシック様式で統一された会場は「ホワイト・シティ」と呼ばれた。娯楽を1箇所に集積させた『ミッドウェー・プレザンス』を配置。
1900	パリ	壮大華麗な会場は「万博のなかの万博」と称され、ついに5000万人を突破した。古き良き19世紀万博の完成形にして最高傑作。万博史に刻まれた最初の頂点。

1904	セントルイス	会場は500ヘクタールを超え、建物は1576棟に。展示分類のトップに「教育」を掲げ、〝野蛮〟の展示を常軌を逸した規模で展開した。
1915	サンフランシスコ	ヨーロッパが第1次世界大戦で苦しむなか開催。『交通館』では1日18台のT型フォードがロールアウトした。
1925	パリ―装飾芸術・近代産業博	通称「アールデコ博」。「生産」しか考えてこなかった万博に「消費」の文脈がもち込まれた。
1928	「国際博覧会条約」締結	政府間機関「BIE（博覧会国際事務局）」が創設される。
1931	パリ―国際植民地博	ヴァンセンヌの森で開催。再現精度を上げて〝リアルな植民地体験〟を目指した。
1933	シカゴ	万博にはじめてテーマが導入された。『進歩の1世紀』だ。公式テーマの出現はやがて万博のありようを根底から変えていく。
1937	パリ	ナチスによるパリ侵攻の3年前。エッフェル塔をはさんでドイツとソ連が対峙した。
1939	ニューヨーク	予算を潤沢にもつ大企業のパビリオンが主役の座に躍り出た。会期半ばに第2次世界大戦が勃発。
1958	ブリュッセル	戦後初の大型万博。お題目に過ぎなかったテーマを万博運営の基軸に据え、現代の万博理念の先駆けとなった。
1964	ニューヨーク	形式上はBIE非承認の国内博。最新の展示技術を駆使した企業館の観覧体験は画期的で、従来の博物館的世界からテーマパーク的世界へと変貌した。
1967	モントリオール	史上はじめて『テーマ館』が登場。各国が革新的なパビリオンを建てた会場は「近未来都市」のイメージを喚起した。大阪万博のベンチマークに。

1970	大阪	アジア初。明治以来の悲願がついに実現した。万博記録を塗り替える6421万人を集め、万博史上2度目の頂点を極めた。
1988	「国際博覧会条約」改正	周期開催制度の採用、カテゴリーの見直しなど、開催方法を合理化・スリム化。
1989	パリ	開催中止
1992	セビリア	大阪から22年、ヨーロッパでは1958年以来の万博。バルセロナ五輪と同時開催。入場者数は4181万人。
	シカゴ	開催中止
1994		BIEが「自然と環境の尊重」「自然環境保護」の反映を決議
1995	ウイーン／ブダペスト	開催中止
2000	ハノーバー	東西ドイツ統一10周年記念。入場者数が目標の半分以下の1810万人、1200億円の赤字に終わり「博覧会の墓場」と評される結果に。
2010	上海	共産圏初。会場面積528ヘクタール・入場者数7308万人はともに史上最高記録。あらゆる意味でイレギュラーな万博だった。
2015	ミラノ	直近の大型博。規模・質感ともに従来の特別博レベルだった。
2020	ドバイ（予定）	
2025	大阪（予定）	

『Le Libre des expositions universells 1851-1989』 ―／Union des Arts Decoratifs 1983
『Historical Dictionary of World's Fairs and Expositions 1851-1988』 John Finding／Greenwood Press 1990
『Ephemeral Vistasi:The Expositions Universelles,Great Exhibitions and World's Fair,1851-1939』 Paul Greenhalgh／Manchester University Press 1991
『World's Fairs』 Erik Mattie／Princeton Architectual Press 1998
『The Great Exhibitions:150 years』 John Allwood／Exhibition Consultants Ltd. 2001
『Great Exhibitions 1851-1900』 Jonathan Meyer／Antique Collectors Club 2006
『Expo:International Expositions 1851-2010』 Anna Jackson／V & A Publishing 2008
『Encyclopedia of World's Fairs and Expositions』 J.Finding & K.Pelle／McFarland 2008
『Fair World 1851-2010』 Paul Greenhalgh／Papadakis 2011

参考図書

『EXPO'70の建築』 工業調査会 1970
『世界の仮面と神像』 岡本太郎・泉靖一・梅棹忠夫／朝日新聞社 1970
『日本万国博 建築・造形』 丹下健三・岡本太郎／恒文社 1971
『日本万国博覧会 公式記録』(全３巻) 日本万国博覧会記念協会 1972
『日本博覧会史』 山本光雄／理想社 1973
『図説万国博覧会史 1851-1942』 吉田光邦／思文閣出版 1985
『改訂版 万国博覧会 ―技術文明史的に』 吉田光邦／NHKブックス 1985
『万国博覧会の研究』 吉田光邦／思文閣出版 1986
『水晶宮物語 ―ロンドン万国博覧会1851』 松村昌家／リブロポート 1986
『まぼろし万国博覧会』 串間努／小学館 1998
『NHK人間講座 パリ・奇想の20世紀』 荒俣宏／NHK出版 2000
『パリ植民地博覧会 ーオリエンタリズムの欲望と表象』 パトリシア・モルトン／ブリュッケ 2002
『帝国の視線 ー博覧会と異文化表象』 松田京子／吉川弘文館 2003
『万博幻想 ー戦後政治の呪縛』 吉見俊哉／ちくま新書 2005
『戦争と万博』 椹木野衣／美術出版社 2005
『EXPO'70 ー驚愕！大阪万国博覧会のすべて』 中和田ミナミ／ダイヤモンド社 2005
『岡本太郎 ー「太陽の塔」と最後の闘い』 平野暁臣／PHP新書 2009
『海を渡ったアイヌ ー先住民展示と二つの博覧会』 宮武公夫／岩波書店 2010
『ぼくらが夢見た未来都市』 五十嵐太郎・磯達雄／PHP新書 2010
『プロジェクト・ジャパン メタボリズムは語る…』 レム・コールハース／平凡社 2012
『万国博覧会の二十世紀』 海野弘／平凡社新書 2013

『大阪万博 ー20世紀が夢見た21世紀』 平野暁臣／小学館 2014
『万博の歴史 ―大阪万博はなぜ最強たり得たのか』 平野暁臣／小学館 2016
『図説 万博の歴史 1851-1970』 平野暁臣／小学館 2017
『太陽の塔』 平野暁臣／小学館 2018
『増補新版 岡本太郎と太陽の塔』 平野暁臣／小学館 2018
『「太陽の塔」新発見！』 平野暁臣／青春出版社 2018
『「太陽の塔」岡本太郎と7人の男たち』 平野暁臣／青春出版社 2018

THE HISTORY OF
万博の歴史
UNIVERSAL EXPOSITION
平野暁臣
AKIOMI HIRANO
大阪万博はなぜ最強たり得たのか
発売：小学館　発行：小学館クリエイティブ

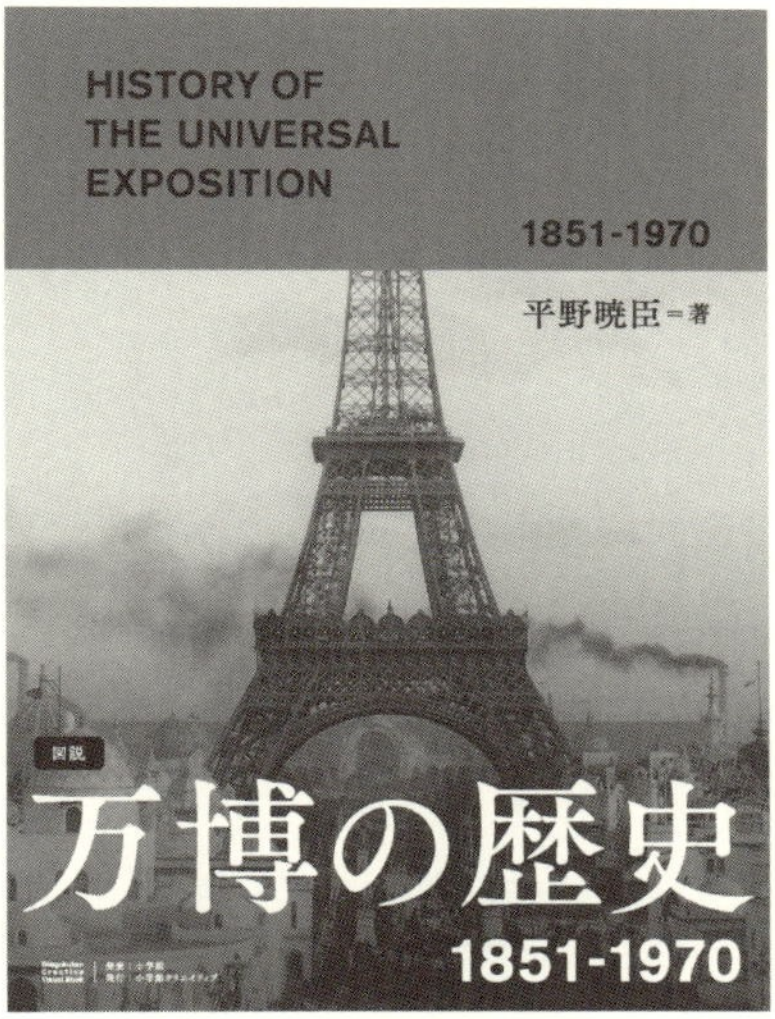

図説 万博の歴史
1851-1970
著／平野暁臣

定　価　本体4800円＋税
発売日　2017. 11. 1
判型／頁　A4変／160頁

1851年にロンドンで産声をあげた万博は、そのありようを時代に応じて変化させながら、今日に至っています。本書は、『万博の歴史ー大阪万博はなぜ最強たり得たのか』(小学館) をヴィジュアル面から補完するもの。〝万博のいま〟を考えるうえでも、本書のヴィジュアル体験は大きな示唆を与えてくれるはずです。

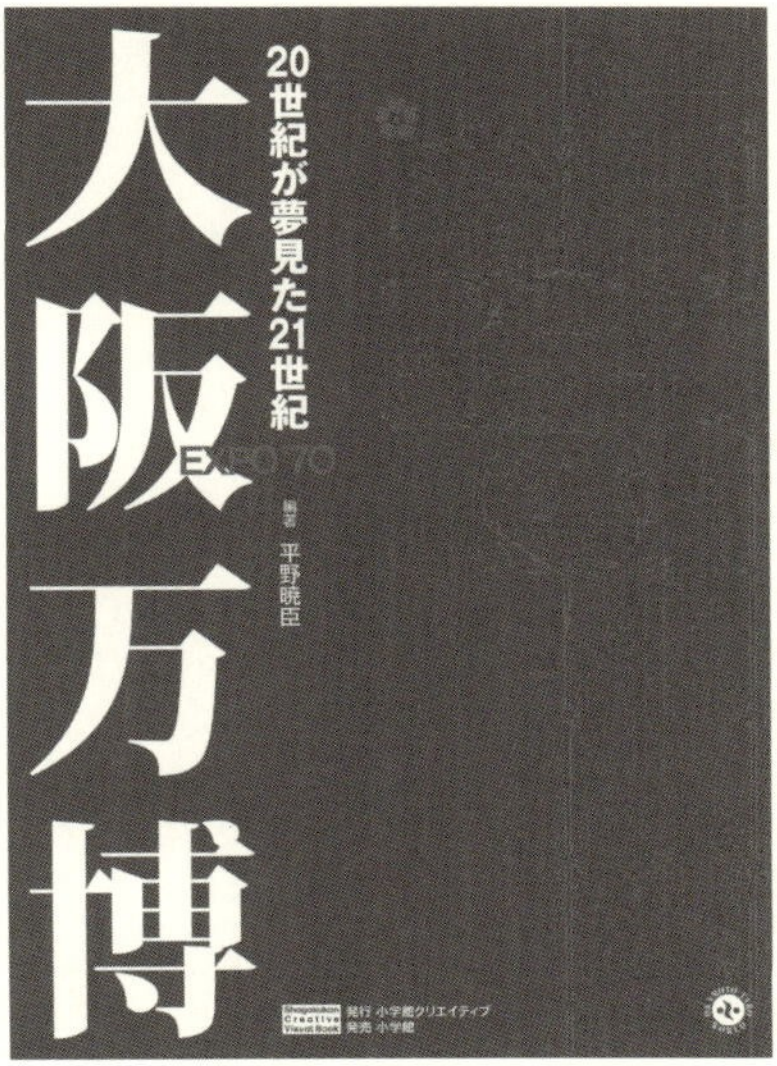

大阪万博
20世紀が夢見た21世紀
著／平野暁臣

定　価　本体4900円＋税
発売日　2014. 2. 24
判型/頁　A4／352頁

6千万人を集め、戦後日本の一大エポックとなった1970年大阪万博。空前絶後のスケールで展開された国家祭典の全貌を、未発表写真を含む千点の写真と膨大な史料をもとに読み解いていきます。全パビリオンをヴィジュアルで紹介するとともに、開幕前夜を描いた唯一のノンフィクション『千里への道』(前田昭夫著)のダイジェストも載録。資料編も充実しています。

【写真】
株式会社現代芸術研究所／平野暁臣／
大阪府日本万国博覧会記念公園事務所

【装丁】
細山田光宣＋松本 歩（細山田デザイン事務所）

【編集】
伊藤康裕（小学館クリエイティブ）

【販売・営業】
佐々木俊典（小学館）

万博入門

新世代万博への道

2019年6月30日　初版第1刷発行

著 ———— 平野暁臣

発行者 ———— 宗形 康
発行所 ———— 株式会社 小学館クリエイティブ
〒101-0051
東京都千代田区神田神保町2-14　SP神保町ビル
電話：0120-70-3761（マーケティング部）
発売元 ———— 株式会社 小学館
〒101-8001
東京都千代田区一ツ橋2-3-1
電話：03-5281-3555（販売）
印刷・製本所 ——— 大日本印刷株式会社

ISBN 978-4-7780-3619-5